W0411090

Wandern an Flüssen und Seen

Wandern
an Flüssen und Seen

Die schönsten Genusstouren in Oberbayern

Wolfgang Taschner
Michael Reimer

BRUCKMANN

INHALTSVERZEICHNIS

INHALTSVERZEICHNIS

Isartal

Fünf-Seen-Land

Wasser – die Quelle des Lebens

»Mir ist, als flöße dieser Bach da draußen ein heimlich Bette in mir selbst herab und spülte nun den langen trocknen Grund zu neuem sonderbaren Leben auf; wie Moos und Flechte legt's gelöste Arme in sein Gefäll, wie klein und große Kiesel befreit es sich und läuft mit ihm des Wegs; mir ist, ich spürte, wie die Welle wühle und nichts mehr fest und sicher in mir sei, und fühle mich beunruhigt hingegeben in eines wunderbaren Spiels Gewalt.«

Treffender als Christian Morgenstern lässt sich die faszinierende Wirkung des Wassers auf den Menschen kaum beschreiben. Mensch und Wasser sind ja schon rein biologisch fest miteinander vereint – immerhin besteht der Mensch zu 70% aus Wasser. Doch warum fühlt sich der Mensch derart magisch zum Wasser hingezogen, sei es zum Fluss, Bach, See oder Weiher? Ohne die philosophische Ader zu stark zu strapazieren – mögliche Antworten gibt es viele: weil Wasser der Ursprung des Lebens ist, weil Erholung und Wasser eine Einheit bilden, weil klares Wasser klare Gedanken fördert, weil schäumendes Wasser den Pioniergeist weckt und weil das Seeufer die Sinne erweitert.

In der Dichtersprache kann man die Magie und den Wasserkreislauf auch auf einfache Verse beschränken: »Das Prinzip aller Dinge ist das Wasser; aus Wasser ist alles, und ins Wasser kehrt alles zurück« (Thales von Milet) oder »Des Menschen Seele gleicht dem Wasser: Vom Himmel kommt es,

Was liegt näher als seinen Durst an einem heißen Sommertag mit frischem Quellwasser zu löschen?

zum Himmel steigt es, und wieder nieder zur Erde muss es, ewig wechselnd« (Johann Wolfgang von Goethe). Der intakte Wasserkreislauf spendet Leben und ist somit der Ursprung menschlichen Daseins.
Angesichts dieser Erkenntnis ist es erstaunlich, wie ignorant der Mensch mit dem Leben spendenden Element Wasser umgeht. Wie selbstverständlich dreht er in unseren trinkwasserverwöhnten Breitengraden den Wasserhahn auf und besorgt sich in der Wirtschaft oder im Laden Mineralwasser, um seinen Durst zu stillen. Umweltschützer klagen jedenfalls darüber, wie leichtfertig unsere Gesellschaft das wertvolle Wasser vergeudet. Jeder Münchner verbraucht im Haushalt im Durchschnitt täglich 128 Liter, hauptsächlich fürs Duschen, Waschen, Spülen und die Toilette. Legt man den Bedarf von Gewerbe und Industrie in München um, steigert sich der Pro-Kopf-Verbrauch rein rechnerisch sogar auf 230 Liter pro Tag.
Selbst im Hitzesommer 2003 mussten die Münchner keine Abstriche bezüglich des Wassers in Kauf nehmen. Mit rund 3400 Litern pro Sekunde decken die Förderanlagen im Mangfalltal (Tour 11) rund 80% des täglichen Wasserbedarfs. Bis zu 2500 Liter pro Sekunde kommen aus dem Loisachtal in der Nähe von Garmisch-Partenkirchen (Tour 23). In Spitzenzeiten oder dann, wenn eine der anderen Quellen zum Beispiel wegen Reparatur- oder Wartungsarbeiten ausfällt, fördern die Stadtwerke zusätzlich Grundwasser aus der Münchner Schotterebene.
Diese Zahlen dürfen jedoch nicht darüber hinwegtäuschen, dass Trinkwasser keine Selbstverständlichkeit ist. Gerade in den Bergen wird schnell klar, dass das kostbare Nass nicht schier unerschöpflich aus versteckten Bergquellen sprudelt: Manche Berghütte musste im heißen Sommer 2003 mangels Wassernachschub ihren Betrieb einstellen.

Wanderfreude für die ganze Familie

Wasserfälle in der Klamm

Doch gewöhnlich strömt das Wasser in den bayerischen und Allgäuer Bergen unaufhörlich als Rinnsal, Bach oder gar Fluss zu Tal. Im Steilgelände ziehen spektakuläre Wasserfälle den Wanderer in ihren Bann. Dieses prickelnd spritzige Naturschauspiel beschreibt Gottfried Keller wie folgt: »Am Donner des schäumenden Wasserfalls oder beim Glanze jener leuchtenden Systeme, die sich über uns kreuzen, findet der wahre Mensch seine heiligsten Stunden.«
Wie ein unerbittliches Mühlwerk frisst sich der Wasserstrom im Verlauf von Millionen von Jahren in das Gestein und bildet mancherorts tiefe, enge Schluchten, bizarre Felsspalten oder – wie es im Fachjargon heißt – die so genannte Klamm. Hier erzählen Strudeltöpfe und ausgeschliffene Wassergumpen von der Urkraft des Wassers. Das unheimliche Tosen und Donnern der Wassermassen auf engstem Raum scheint eine Art Sogwirkung auf den Menschen auszulösen: Jedenfalls sind die im Buch vorgestellten Almbachklamm (Tour 1), Gießenbachklamm (Tour 9), Partnachklamm (Tour 20), Höllentalklamm (Tour 21) und Breitachklamm (Tour 39) durchweg gut besucht.
Bei so viel Strömungskraft wird dem Menschen schnell bewusst, wie winzig klein er im Vergleich zur faszinierenden Naturgewalt ist. Dieses Gefühl verstärkt sich noch, wenn die Wassermassen bei anhaltendem Starkregen

In Nähe von Seeufern wachsen oftmals stattliche Laubbäume heran.

Tonnen von Treibholz und Schutt mit sich reißen und zu Tal schwemmen; viele Bachtäler sind von den Unwettern vergangener Jahre heute noch gezeichnet. Bei heftigen Sommergewittern gerät eine anfänglich genussvolle Flusswanderung rasch zum gefürchteten Hindernislauf. In der Allgäuer Breitachklamm etwa lag der mit viel Aufwand in den Fels geschlagene Weg schon einmal rekordverdächtig tief – fast fünf Meter – unter Wasser.

Wandern am Wildbach

Weniger spektakulär, aber nicht minder reizvoll als die mit Brücken, Stegen und Tunneln versehenen Klammsteige sind die Wanderwege im gewöhnlichen Bachtal. Hier kann man sich kaum verlaufen, wie Friedrich Rückert schon feststellte: »O Wanderer am Bach, geh nur dem Wasser nach, es führet sicher Dich zu Menschendach und Fach.« Das Wasser stürzt nicht übereifrig zu Tale, sondern plätschert eher gleichmäßig vor sich hin. An geeigneten Stellen bilden sich immer wieder Gumpen, die speziell an heißen Sommertagen zum Baden einladen. Hervorzuheben ist in diesem Zusammenhang die Aschauer Klamm (Tour 3). Schöne Bachwanderungen finden sich auch an der Tiroler Achen (Tour 6), am Mangfallknie (Tour 11), im Söllbachtal (Tour 12), in der Großen Wolfsschlucht (Tour 13), im Lainbachtal (Tour 16), im Isartal oberhalb von Scharnitz (Tour 18), im Loisachtal (Tour 23), in der Maisinger Schlucht (Tour 29), an der Würm (Tour 30), an der Amper (Tour 33), am Kienbach (Tour 34), an der Mühlbacher Ach (Tour 37), am Halblech (Tour 38) und im Schwarzwassertal (Tour 40).

Quellbäche zeichnen sich durch ihre ausgezeichnete Trinkwasserqualität aus. Häufig verweilt das Wasser mehrere Jahre im Inneren eines Berges, bevor es, angereichert mit wichtigen Mineralien und Spurenelementen, aus dem Fels oder der Erde hervorquillt. Mit einer Temperatur von nur knapp fünf Grad ist es zudem erfrischend kalt. Quellen sind oft aufzuspüren, weil sie in unwegsamem Gelände verborgen bleiben. Besonders gut können wir das Quellphänomen jedoch bei der Wanderung zur Isarquelle beobachten (Tour 18). Wer einmal seinen Tee aus frischem Quellwasser zubereitet hat, weiß die erhöhte Trinkqualität zu schätzen.
In unbekannteren Gefilden wägt der Wanderer zu Recht ab, ob das Bachwasser trinkbar ist. Ein Indiz für gute Trinkwasserqualität sind die winzigen Flohkrebse, die sich gerne unter den Bachkieseln verstecken; auch Blaualgenarten deuten auf reines Wasser hin. Hellgrüne, schleimige Algenwatten sind hingegen ein Zeichen für Nährstoffanreicherung im Gewässer. Wer sich intensiver mit der Bachflora und -fauna auseinander setzen will, ist auf dem Lehrpfad im Lainbachtal gut aufgehoben (Tour 16).
Bevor der Wanderer das Wasser trinkt, sollte er sich auf jeden Fall vergewissern, welche Gebiete der Bach zuvor passiert hat: Im Bereich von Hütten oder Almen schwemmt er Abwasser und Tierkot mit zu Tale, sodass das Wasser unter Umständen durch Kolibakterien verunreinigt ist.

Die Seeidylle

Trinkwasserqualität haben auch viele Seen im Berg- und Alpenvorland. Ein erfrischendes Bad an warmen Sommertagen ist dem verschwitzten Wanderer immer willkommen: »Es lächelt der See, er ladet zum Bade«, hat Friedrich von Schiller einst gedichtet. Mit dem Weitsee (Tour 4), Tachinger See (Tour 5), Chiemsee (Tour 7), Hartsee (Tour 8), Kirchsee (Tour 15), Ferchen- und Lautersee (Tour 19), Staffelsee (Tour 24), den Osterseen (Tour 27) sowie Starnberger See (Tour 28), Wörthsee (Tour 31) und Ammersee (Tour 32) stehen dem Wanderer viele Bademöglichkeiten offen; etwas mehr Mut erfordert der Sprung in den kalten Hintersee (Tour 2), Achensee (Tour 14), Walchensee (Tour 17) und Eibsee (Tour 22).
Doch auch vom Badeerlebnis abgesehen üben die Seen ihre eigene Faszination aus. Bei glatter Oberfläche spiegeln sich neben der umgebenden Wald-, Wiesen- und Felslandschaft die Farben des Himmels fotogen im Wasser. An unverbauten Ufern sorgen blühende Streuwiesen für reichlich Farbtupfer. Kommt ein bisschen Wind auf, hält sich der Betrachter an den rhythmischen Wellenbewegungen fest. In der Abenddämmerung breitet sich eine romantische Stimmung aus, wenn Mückenschwärme vor dem roten Himmel tanzen, Grillen ihr vielstim-

Wer sich ausreichend Zeit nimmt, findet an Tümpeln und Seen fotogene Details: im Bild Grashalme gegen das blaue Wasser.

Auch die Kleinsten fühlen sich unterwegs wohl.

miges Konzert vorführen, Frösche durch Quaken auf sich aufmerksam machen und Vögel vom Wind getrieben als dunkle Silhouetten durch die Landschaft schweben.
Manche Tiere wie der Schwan haben sich schon an den Menschen gewöhnt. Gerne werden sie gefüttert, obwohl das für ihre Gesundheit alles andere als zuträglich ist. Denn Nahrung finden die Tiere selbst dann noch genug, wenn die Seeufer schneebedeckt sind: Schließlich hat ihnen die Natur einen langen Hals geschenkt, mit dem sie abtauchen und den Seegrund abgrasen können. Das schaut dann immer recht lustig aus, wenn der Kopf im Wasser verschwindet und die Schwimmfüße dem Himmel entgegenstrampeln. Im Sommer ist ihre Speisekarte mit saftigen Gräsern und frischen Kräutern am Ufer ohnehin reich gedeckt.

Im Wandel der Jahreszeiten

See-, Fluss- und Bachwanderungen haben zu jeder Jahreszeit ihren Reiz. Natürlich strömen die meisten Wanderer im Sommer in Richtung Wasser, weil es dann am wärmsten ist und es sich angenehm baden lässt. Man kann seine Picknickdecken ausbreiten, lauschige Biergärten aufsuchen und die langen Tage bis in den Abend hinein genießen. Doch auch im Winter üben die Gewässer in Kombination mit einer tief verschneiten Landschaft ihre eigene Faszination aus. An Bächen hört man dann unter einer zarten Eisschicht das Wasser gurgeln, an Felswänden und Baumästen bilden sich bizarre Eisformationen, Raureif breitet sich über dem Land aus, die Seen frieren je nach Frostlage zu und können im Idealfall sogar betreten werden.
Die Zwischenjahreszeiten haben wiederum ihre eigenen Vorzüge: Während im Frühjahr reichlich Schmelzwasser herabströmt, der Natur frisches Leben einhaucht und die saftigen bunten Blumenteppiche einen herrlichen Kontrast zu den noch verschneiten Bergen bieten, zeichnet sich der Herbst oftmals durch klare Tage und bunte Laubimpressionen aus. Wasser zieht allerdings auch Nebel an: Je weiter das Jahr fortgeschritten ist, desto größer ist die Wahrscheinlichkeit, dass sich die zähe Nebelbrühe nur langsam oder gar nicht auflöst. Sonnenhungrige finden bei einer solchen Wetterlage oft in höheren Gefilden ihr Glück. Andererseits hat die Kombination von Wasser und dichtem Nebel schon so manchen Poeten zu kreativem Schaffen inspiriert: Das Gedicht »Seltsam im Nebel zu wandern ...« von Hermann Hesse ist nur ein Beispiel hierfür.

Für Familien wie geschaffen

Da Kinder sich häufig noch mehr als ihre Eltern zum Wasser und ihren Tieren hingezogen fühlen, sind alle im Buch vorgestellten Wanderungen besonders für Familien geeignet. Sämtliche Touren sind kurzweilig und abwechslungsreich, auch wenn die Route landschafts- und naturschutzbedingt nicht immer in unmittelbarer Nähe des Wassers entlangführt. Doch zum Planschen am Bach gibt es immer Gelegenheiten. Wanderungen am breiten Fluss werden in diesem Buch seltener beschrieben, weil die Wege meist über Kilometer hin kaum Abwechslung bieten und für Kinder somit schnell langweilig sind. Ausnahmen bilden die verschlungenen Wege an Isar (Tour 25, 26) und Inn (Tour 10).

In Bachtälern und an Seeufern können sich die Kids frei austoben und nach Herzenslust auf Entdeckertour gehen. Der Fantasie sind dabei keine Grenzen gesetzt: mit Kies und Holz kleine Burgen und Staudämme bauen, mit Schilfgras und gelben Rapsblüten Schiffchen konstruieren und auf die weite Reise schicken, im Wasser nach Muscheln und kleinen Lebewesen fahnden oder an den Ufern kühne Kletterpartien an Felsen, Baumwurzeln und im Geäst vollbringen; an den Seen lässt sich der Wanderausflug zudem mit einer flotten Bootspartie verbinden oder ganz einfach mit einem ausgiebigen Bad.
Aber ganz gleich, ob mit oder ohne Kinder: Wandern am Wasser bietet die ideale Gelegenheit, einen Ausflug ohne Hektik und Zeitdruck durchzuführen. Kein Berggipfel treibt zu übertriebenem Ehrgeiz an, und die Touren sind kurz genug, um dem Wesen der Natur bei entsprechender Zeiteinteilung mit viel Muße begegnen zu können. Das Blubbern, Sprudeln und Rauschen des Wassers wirkt umso intensiver, je mehr das Motto »Der Weg ist das Ziel« in die Tat umgesetzt wird.
Manche der Touren sind sogar mit einem geländegängigen Kinderwagen bequem durchführbar und im Buch entsprechend gekennzeichnet. Ebenso hingewiesen wird auf Wanderungen mit Bademöglichkeit sowie solche mit bequemer und umweltfreundlicher Anreise per Bahn und/oder Bus.

In sumpfigen Gebieten breitet sich im Sommer das Wollgras aus.

Dieses Geschwistertrio hat sich am Ostufer des Ammersees ein kleines Holzboot geschnappt. Groß auf Tour gegangen sind die Kinder dann allerdings nicht.

Was nehme ich auf die Tour mit?

Anders als beim Bergwandern oder gar Bergsteigen spielt die Ausrüstung bei den im Buch vorgestellten Wanderungen am Wasser keine so große Rolle. Die meisten Touren sind mit einer Gehzeit von zwei bis vier Stunden relativ kurz; wir sind also bei einsetzendem Schlechtwetter oder plötzlich aufkommender Unlust bzw. mangelnder Fitness relativ schnell wieder am Ausgangsort zurück. Zudem führt keine der Routen in höhere Bergregionen, sodass wir logischerweise auch nicht mit den Gefahren des alpinen Hochgebirges wie Wettersturz oder einer komplizierten Bergung im Notfall konfrontiert werden.

Die Ausrüstung hängt letztlich von mehreren Faktoren ab: von der Jahreszeit, vom Wetter, von der Erfahrung des Wanderers und vom Charakter der Tour. Wer etwa bei schönem Sommerwetter auf dem Uferweg des Tachinger Sees unterwegs ist (Tour 5), kommt in der Regel mit bequemen Turnschuhen oder gar Sandalen aus. Einen kleinen Tagesrucksack mit Wasser und Proviant sowie ggf. wärmerer Kleidung benötigt der Wanderer eigentlich nur dann, wenn er sich längere Zeit zwecks Pause am Seeufer niederlässt. Weit wichtiger hingegen sind in diesem Fall Sonnenbrille und -creme sowie eine Kopfbedeckung zum Schutz gegen die starke Sonneneinstrahlung.

Bei Touren, die den breiten Wanderweg verlassen und auf Steigen oder Pfaden entlangführen, ist die Schuhwahl von zentralerer Bedeutung. Bei der Durchschreitung einer Klamm etwa (z. B. Aschauer Klamm, Tour 3) muss mit glitschigen Wegpassagen gerechnet werden, sodass ein Wan-

der- oder Trekkingschuh mit gutem Profil besseren Halt verspricht. Klammwege führen oft durch schattige Felsschluchten und sind daher kälteanfälliger als Wanderwege in freier Landschaft; die Mitnahme von wärmerer Kleidung sei deshalb empfohlen.
Im Buch geben die Info-Kästen Aufschluss über Länge, Wegbeschaffenheit und Einkehrmöglichkeiten, sodass die Rahmenbedingungen einer jeden Tour klar abgesteckt sind. Grundsätzlich gilt für den eher unerfahrenen Wanderer: Wer einen kleinen Tagesrucksack mit ein wenig Essen, Trinkwasser, Sonnenschutz, einer Schicht wärmerer Kleidung und einer leichten Regenjacke mit auf die Tour nimmt, ist stets auf der sicheren Seite. Geübte Bergsteiger hingegen werden auf derlei Tipps in diesem Buch verzichten können.

Gefahren bei Unwetter

Die größte Gefahr beim Wandern am Wasser geht in der Regel vom Wetter aus. Vor allem in den Bergen nehmen die Unwetter infolge menschlicher Eingriffe immer heftigere Ausmaße an. Durch sintflutartige Regenfälle mutieren kleine Gebirgsbäche zu gewaltigen Strömen und reißen alles an Holz, Schlamm, Geröll und sogar Brücken mit, was sich ihnen in den Weg stellt. Besonders stark wirkt sich heftiger Dauerregen in engen Schluchten aus, weil dort das Wasser rasch anschwillt und auch die Gefahr von Steinschlag sowie Murenabgängen gegeben ist. Der Wanderer sollte also bei den ersten Anzeichen aufziehenden Unwetters die Tour abbrechen und den nächsten Unterschlupf aufsuchen. Hinzu kommt, dass die im Normalfall einfach zu bewältigenden Wege glitschig werden und ein Ausgleiten provozieren.
Häufig muss allein der Klimawechsel für die zunehmenden Überschwemmungen herhalten, dabei zeigt sich der ramponierte Bergmischwald in noch stärkerem Ausmaß dafür verantwortlich. Neue Untersuchungen ergeben, dass ein Bergwald im gesunden Zustand dreimal mehr Wasser zurückhalten kann als ein alter Fichtenbestand, siebenmal mehr als ein junger Fichtenwald und zwölfmal mehr als ein Kahlschlaggebiet. Doch fast zehn Prozent des Bergwalds sind so stark geschädigt, dass sie ihrer natürlichen Schutzfunktion nicht mehr nachkommen können. Wie geschädigt der Bergwald mittlerweile ist, erlebt der Wanderer bei fast jeder Tour mit Blick auf kreuz und quer liegende Baumstämme. Jeder Herbststurm knickt wieder ein paar mehr Bäume wie Streichhölzer um und gibt dem natürlichen Teufelskreislauf neue Nahrung.
Im Sommer sind Unwetter häufig von Blitz und Donner begleitet. Wer einmal in freier Wildbahn in ein heftiges Gewitter geraten ist, weiß die Gefahren richtig einzuschätzen. Der Blitz sucht sich neben Berggipfeln, ausgesetzten Graten und Baumsolitären eben auch gerne das Wasser als Ziel aus, womit all unsere Touren potenzielle Angriffsflächen bieten. Also im Notfall weg vom Wasser und auf freiem Feld in Hockstellung die Beine zusammenpressen, damit der Strom den Körper im Fall des Einschlags nur einmal durchfließt. Doch wer während der Tour das Wetter aufmerksam beobachtet, wird in eine solch knifflige Situation gar nicht erst kommen. Zumal Unwetter ja selten spontan ausbrechen und in der Regel rechtzeitig vorhergesagt werden – oder doch nicht? Das Wetter in Oberbayern

Zwischen Wasser und Blüten flattern viele Schmetterlinge umher.

und im Allgäu ist durch den Klimafaktor Alpen oft nur schwer vorhersehbar und birgt insbesondere in den Bergen durch rasche Wetterumschwünge spontane Überraschungen. Da die Medien einschließlich der in Süddeutschland erscheinenden Tageszeitungen ihre Wetterinfos aus Offenbach beziehen und die dort ansässigen Wetterfrösche der klimatischen Sonderrolle des Alpenvorlands oft instinktlos gegenüberstehen, informieren Sie sich bei unsicherer Wetterlage besser beim Deutschen Alpenverein unter Tel. 089/29 50 70 oder im Internet unter www.alpenverein.de.

Impression im Spätherbst: Das schräge Sonnenlicht spiegelt sich auf der Wasseroberfläche des Maisinger Sees.

Mücken und Zecken

In Fluss- und Seenähe finden Mücken Brutstätten im Überfluss. Doch die Anzahl der kleinen Quälgeister ist von Klima und Jahreszeit abhängig und somit von Jahr zu Jahr verschieden. Richtig lästig werden die Mücken ohnehin meist nur in der Dämmerung. Zu beachten ist, wie empfindlich vor allem Kinder auf Mückenstiche reagieren; meist sind sie jedoch ohne Belang. Gegen Mittel wie »Autan« sind die meisten Mücken mittlerweile immun.

Deutlich gefährlicher ist die Zecke, die in Oberbayern vor allem in Flusstälern vorkommen kann. Zecken können zum einen die Bakterienkrankheit Borreliose übertragen und zum anderen eine virusbedingte Hirnhautentzündung (FSME) auslösen. Vor FSME, das sich meist ein bis zwei Wochen nach Befall mit einer Sommergrippe ankündigt und durch die Beeinträchtigung des Nervensystems zu Entzündungen führt, schützt eine vorbeugende Impfung, die etwa drei Jahre lang anhält. Auch nach einem Zeckenbiss können sich Menschen über 14 Jahre noch innerhalb von vier Tagen impfen lassen; die Wirksamkeit kann aber nicht garantiert werden. Den Beginn einer Borreliose hingegen erkennt man an einer etwa handtellergroßen Rötung um die Einstichstelle.

Vollkommen falsch ist die Annahme, dass sich die Parasiten von den Bäumen auf ihre Opfer fallen lassen. Die Blutsauger lauern vielmehr auf Gräsern, Sträuchern und im Unterholz auf Warmblüter, die sie im Vorbeigehen abstreifen. Die kritischsten Monate sind Juni und Juli, doch auch im Frühjahr und Herbst ist der Wanderer nicht vor der Zeckengefahr gefeit. Nach einem Querfeldeinabstecher empfiehlt es sich also zu allen Jahreszeiten, Körper und Kleidung gezielt nach Zecken abzusuchen.

Hat sich eine Zecke festgebissen, gleich einen Arzt aufsuchen, der die passenden Instrumente hat, um das Tier vollständig zu entfernen. Das örtliche Gesundheits- oder Forstamt informiert über die aktuelle Zeckenverbreitung und -gefahr, auch Apotheken und Hausärzte helfen weiter.

Rechte Seite: Unterwegs gibt es immer etwas zu entdecken.

WHITE SOX

Die Touren

1 DIE ALMBACHKLAMM

Rutschbahn für Brennholz

mittel | 7,5 km | 300 m | 2:15 Std.

Kugelmühle – Almbachklamm (Theresienklause) – Kugelmühle

CHARAKTER
Aufregende Klammwanderung auf einem gut gesicherten Steig; bei Nässe Trittsicherheit erforderlich.

AUSGANGS-/ENDPUNKT
Gasthof Almbachklamm

ANFAHRT
Mit der Bahn stündlich von München nach Freilassing (Richtung Salzburg), dort Anschluss nach Berchtesgaden; weiter mit dem RVO-Bus 36 zum Gasthaus Almbachklamm. Mit dem Auto auf der A 8 Ausfahrt Piding und auf der B 20 über Bad Reichenhall nach Berchtesgaden; dort weiter auf der B 305 Richtung Marktschellenberg (Abzweig zur Kugelmühle, großer Parkplatz).

GEHZEITEN
Gasthof Almbachklamm – Kugelmühle 15 Min. – Theresienklause 1 Std., Kugelmühle 45 Min., Gasthof Almbachklamm 15 Min.

KARTE
Kompass-Wanderkarte Nr.14: Berchtesgadener Land und Chiemgauer Alpen, 1:50 000

EINKEHR
Gasthaus Almbachklamm, Tel.: 08650/292, täglich außer Mi 11.30–20 Uhr; Kugelmühle, Tel.: 08650/461, täglich 8–21 Uhr, Mo/Di nur bis 17 Uhr

INFORMATION
Berchtesgaden-Tourismus, Königsseer Straße 2, 83471 Berchtesgaden, Tel.: 08652/9670, Fax: 08652/967402, Internet: www.berchtesgadener-land.com

Die Erschließung der Almbachklamm hängt wie vieles im Berchtesgadener Talkessel mit dem Salz zusammen. Um die großen Mengen Brennholz für die Salinen in Marktschellenberg und Berchtesgaden herbeizuschaffen, bediente man sich der Holztrift. Der heutige Weg durch die Almbachklamm wurde 1894 durch Ingolstädter Pioniere auf der Basis des alten Triftsteigs gebaut und führt durch eine bezaubernde Klammlandschaft.

Marmorkugeln aus der Kugelmühle Am Fuß der Almbachklamm mahlt Deutschlands älteste und letzte Marmorkugelmühle Marmorwürfel vom nahen Untersberg je nach Größe innerhalb von zwei bis acht Tagen mittels Wasserkraft zu edlen Kugeln. Anschließend müssen Marbeln, Klicker, Schusser und Schnellkugeln, die bereits um die Jahrhundertwende ein beliebtes Kinderspielzeug waren, noch fein geschliffen und poliert

Oben: An der Kugelmühle bestaunt der Besucher den fest verankerten Schleifstein und die hölzerne Drehscheibe, die seit über 300 Jahren in Betrieb ist.

Unten: Barfuß über die feinen Kiesbänke und durch das Wasser zu waten, ist für viele Wanderer das größte Vergnügen.

werden. Der Besucher bestaunt den fest verankerten Schleifstein und die hölzerne Drehscheibe der Minimühle, die seit über 300 Jahren in Betrieb ist. Im Anschluss können die begehrten Kugeln als Souvenir beim »Kugelmüller« gekauft werden.

Um zur Kugelmühle zu kommen, überqueren wir hinter dem Gasthaus Almbachklamm die Berchtesgadener Ache und wandern am Bach entlang zum Eingang der Schlucht. Dort muss am hölzernen Kassenhäuschen Eintritt gelöst werden (Erwachsene 2,50 Euro, Kinder 1,30 Euro, nur von Mai bis Oktober geöffnet). Doch der geringe Obolus lohnt sich, da die Urgewalt des Wassers hier hautnah zu spüren ist. In der teilweise nur wenige Meter breiten Schlucht stürzt der Bach in kühnen Wasserfällen in die Tiefe, um sich unterhalb in kleinen Gumpen zu sammeln. Zwischendurch verlocken Sand- und Kiesbänke immer wieder dazu, die Schuhe auszuziehen und barfuß durch das Wasser zu waten. Plätze zum Verweilen gibt es hier zur Genüge.

Verwinkelter Steig durch die Klamm Beim Aufstieg zur Talsperre Theresienklause sind auf dem mit Drahtseilen gesicherten Steig 320 Treppenstufen zu erklimmen, außerdem wird der tosende Bach auf insgesamt 29 Brücken gequert. Im engen Tunnel müssen groß Gewachsene aufpassen, sich nicht den Kopf zu stoßen. Unterwegs tauchen immer neue Wasserfälle auf, die aus den kleinen Seitentälern herabstürzen; am höchsten ist der Sulzach-Wasserfall, der 114 Meter an einer Steilwand herabprasselt.

Das Prinzip der Holztrift Die Klamm diente bis 1963 fast 100 Jahre lang für geschlagenes Holz. Die Überlegung war einfach: Warum sollten die Waldarbeiter die schwere Fracht mühsam nach unten schleppen, wenn ihnen die Kraft des Wassers die Arbeit zwar geräuschvoll, aber ohne großen Energieaufwand abnehmen könnte? Also staute man einfach das Wasser an der Theresienklause, bis durch plötzliches Öffnen der Schleuse der kraftvolle Schub ausreichte, um die Baumstämme talwärts zu schwemmen. Die Streckenposten mussten nur darauf achten, dass sich das Holz nicht zwischen den Felsen verkeilte und den Talfluss hemmte. Eine ähnliche Wirkung erzielen schwere Unwetter, wenn abnorme Wassermassen schweres Holz und Gesteinsbrocken zu Tal schwemmen.

IM SALZBERGWERK BERCHTESGADEN

Von der Kugelmühle ist es nicht weit bis zum berühmten Berchtesgadener Salzbergwerk. Vor der Besichtigung wird jeder Besucher standesgemäß in traditionelle Bergmannskluft gekleidet, um für die Expedition »unter Tage« gerüstet zu sein. Nach dem obligatorischen Schnappschuss steuert die Grubenbahn in den dunklen Bergschacht, wo es über hölzerne Rutschen in das ehemalige Sinkwerk geht. Unten angekommen, gelangt man an einer schimmernden Salzgrotte vorbei zu einem gut beleuchteten unterirdischen See, über den man auf einem lautlos dahingleitenden Floß gezogen wird. Unterwegs klärt ein Videofilm über die Hintergründe des »weißen Goldes« auf.

Salzbergwerk, Bergwerkstr. 83, Tel.: 08652/600 20, Öffnungszeiten: Mai bis 15. Oktober und Ostern: täglich 9–17 Uhr, 16. Oktober bis 30. April: Mo–Sa 12.30–15.30 Uhr und nach Bedarf

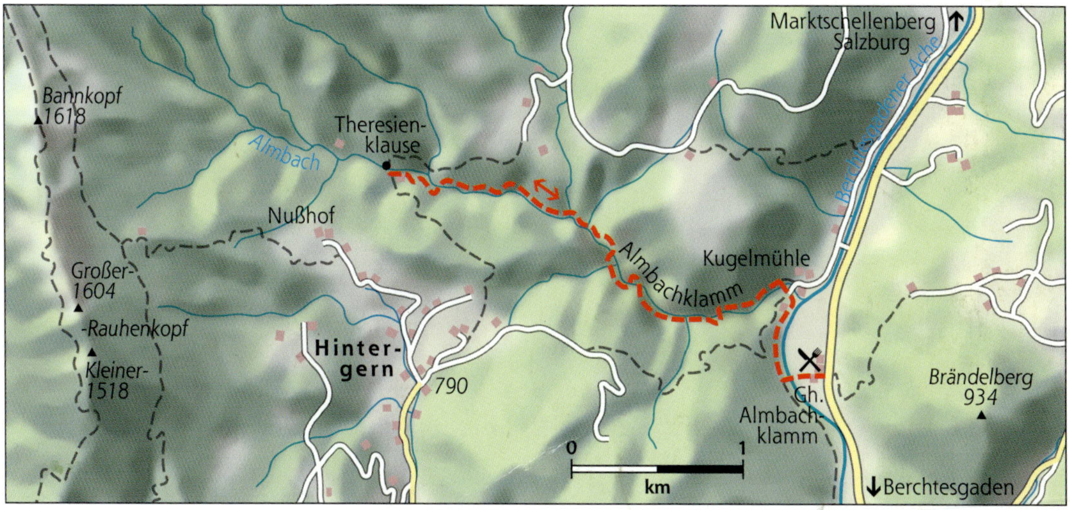

2 DURCH DEN ZAUBERWALD ZUM HINTERSEE

Romantische Wanderung

leicht 6 km 150 m 2:15 Std.

Ramsau – Zauberwald – Hintersee – Ramsau

CHARAKTER
Reißende Klamm, bezaubernder Märchenwald und romantische Blickwinkel am Bergsee – viel mehr Abwechslung ist auf engstem Raum kaum denkbar: die ideale Familienwanderung.

AUSGANGS-/ENDPUNKT
Marxenbrücke in Ramsau

ANFAHRT
Mit der Bahn stündlich von München nach Freilassing (Richtung Salzburg), dort Anschluss nach Berchtesgaden; weiter mit dem RVO-Bus 9546 zur Marxenbrücke in Ramsau. Mit dem Auto auf der A 8 Ausfahrt Piding und auf der B 21 über Bad Reichenhall nach Unterjettenberg, dort weiter auf der B 305 nach Ramsau.

GEHZEITEN
Marxenbrücke – Hintersee 45 Min., Seeumrundung 1 Std., Marxenbrücke 30 Min.

WEGWEISER
Zauberwald, Seerundweg

KARTE
Kompass-Wanderkarte Nr. 14: Berchtesgadener Land und Chiemgauer Alpen, 1:50 000

EINKEHR
Wirtshaus im Zauberwald, Im Zauberwald 5, Tel.: 08657/55 22, Mi Ruhetag; mehrere Gasthöfe am Nordwestufer des Hintersees sowie in Ramsau, Getränke und Imbiss auch am Zauberwald-Kiosk

INFORMATION
Haus des Gastes (Kurverwaltung), Im Tal 2, 83486 Ramsau, Tel.: 08657/98 89 20, E-Mail: info@ramsau.de, Internet: www.ramsau.de

Wildromantisch liegt der Hintersee am Ende des Ramsauer Tals zwischen den Felsmassiven der Reiteralpe und des Hochkalters – die ideale Kulisse für Ganghoferfilme und Landschaftsmaler. Am Ostufer grenzt der so genannte Zauberwald an, in dem die Ramsauer Ache als Wildbach zu Tale stürzt.

Durch den Zauberwald Die Wanderung beginnt an der Marxenbrücke am oberen Ortsende von Ramsau und führt durch die Marxenklamm am Wirtshaus im Zauberwald und einem Wasserspiel vorbei in den Wald. Der Zauberwald ist vor 4000 bis 5000 Jahren infolge eines gewaltigen Bergsturzes auf über 13 Mio. Kubikmeter Schuttmasse entstanden. Überall ragen kleine und große Felsbrocken wie Hinkelsteine in den Himmel, die dick mit Moos und skurrilen Bäumen bewachsen sind und dem Wald etwas Mystisches verleihen; für die perfekte Märchenkulisse fehlt eigentlich nur noch das Hexenhaus.
Weiter oben überqueren wir die tosende Ramsauer Ache und halten uns in Bachnähe links auf dem Naturlehrpfad, der mit Informationstafeln zur einheimischen Pflanzenwelt versehen ist. Schilder warnen davor, die offiziellen Wege zu verlassen, um wertvolle Pflanzen wie das Knabenkraut nicht zu gefährden.

Am romantischen Hintersee Am Ende des Lehrpfads erreichen wir auf Höhe des Zauberwald-Kiosks den Hintersee, der durch den Bergsturz aufgestaut wurde und der – immerhin 18 Meter tief – aufgrund seiner zum Teil unterirdischen Quellen selbst im Hochsommer ziemlich frisch ist. Doch hartgesottene Schwimmer fühlen sich nach einem erfrischenden Bad im Angesicht der gewaltigen Bergkulisse mit Blick auf das Hochkaltermassiv wie neugeboren.
Für die Seeumrundung halten wir uns links, passieren eine Brücke und wandern zwischen Hintersee und dem manchmal ausgetrockneten Klausbach entlang; der Unterlauf des Baches wurde umgeleitet, um der zuneh-

Am Nordufer des Hintersees laden abgeschliffene Felsbrocken zum Meditieren und Sonnenbaden.

menden Versandung des Sees entgegenzuwirken. Nach etwa 500 m zweigt rechts ein Weg durch das malerische Seequellengebiet in Richtung Nordufer ab. Dort passieren wir die Antoniuskapelle mit Barockfresken aus dem Leben des Heiligen. Beim Bootsverleih am Gasthof Gamsbock können Ruder- und Tretboote ausgeliehen werden. Außerdem wartet der Kapitän des Mini-Fährschiffs »Annerl« auf Kundschaft für eine kleine Seerundfahrt (Rundfahrt Erwachsene 2,50 Euro, Kinder 1,50 Euro, Familienticket 6,50 Euro).

Diese Kinder nutzen den schönen Sonnentag, um am romantischen Hintersee über Gott und die Welt zu sinnieren.

Am Seeende ragen riesige kantige Felsblöcke in Ufernähe aus dem See. Wer hier in den frühen Morgen- oder späten Abendstunden verweilt – wenn Ruhe einkehrt und nur noch die Vögel zu hören sind –, fühlt sich angesichts der romantischen Stimmung in vergangene Zeiten zurückversetzt. Doch auch tagsüber verliert der See nie seinen speziellen Zauber.

Im Banne der Künstler Im Verlauf des Rundwegs werden wir auf Tafeln immer wieder mit der Malerei des 19. Jh. konfrontiert. Da die Standorte den tatsächlichen Blickwinkel des jeweiligen Malers zeigen, können wir vergleichen, wie sich die Landschaft von der Romantik bis zur Gegenwart verändert hat. Das berühmte Gemälde »Am Hintersee« von Paul Weber etwa zeigt Fischer am Nordufer, das damals lediglich von einzelnen Hütten gesäumt war; heute reiht sich ein Gasthof an den anderen. Nach der Seeumrundung stoßen wir am Kiosk wieder auf unsere Aufstiegsroute.

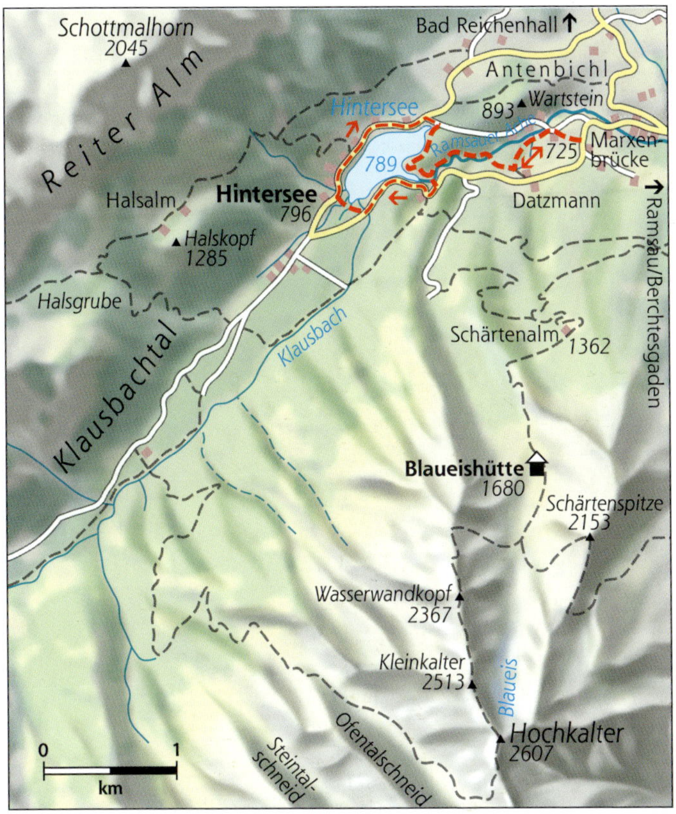

KIRCHEN IN RAMSAU

Das Fotowahrzeichen von Ramsau ist die schindelgedeckte Pfarrkirche St. Fabian und Sebastian am Bachufer der wilden Ache, die 1512 erbaut wurde und eine spätgotisch-barocke Innenausstattung aufweist. Gleich hinter dem Dorf führt ein Weg zur im Wald versteckten Wallfahrtskirche St. Maria. Jeder Ramsauer Bürger kennt die Entstehungsgeschichte des kleinen Barockidylls: Da der finstere unheimliche Bergsteig die Sennerinnen und Hirten das Gruseln lehrte, stellte man eines Tages, an Mariä Himmelfahrt, an einem Felsen ein Gnadenbild auf, womit der Ursprung der kleinen Kapelle geschaffen war.

3 DURCH DIE ASCHAUER KLAMM

Klamm-Abenteuer

mittel | 12 km | 280 m | 3 Std.

Schneizlreuth – Haiderhof – Aschauer Klamm – Schneizlreuth

CHARAKTER

Die Ouvertüre von Schneizlreuth zum Haiderhof verläuft auf anfangs geteertem Fahrweg an der Saalach, dann folgt die Durchquerung der Aschauer Klamm auf einem wunderschönen, teils mit Drahtseilen gesicherten Steig. Das Warnschild »Nur für Geübte« ist nur nach oder bei starkem Regen ernst zu nehmen – dann besteht Überschwemmungs- und Rutschgefahr.

AUSGANGS-/ENDPUNKT

Wanderparkplatz Hubertus

ANFAHRT

Mit der Bahn stündlich von München nach Freilassing (Richtung Salzburg), dort Anschluss nach Bad Reichenhall; weiter mit dem RVO-Bus 9526 zur Station Schneizlreuth Hubertus. Mit dem Auto auf der A 8 Ausfahrt Piding und auf der B 21 über Bad Reichenhall und Unterjettenberg nach Schneizlreuth.

GEHZEITEN

Schneizlreuth – Haiderhof 30 Min., Aschauer Klause 1:45 Std., Haiderhof 45 Min., Schneizlreuth 30 Min.

WEGWEISER

Aschauer Klamm, Wanderweg Nr. 1

KARTE

Kompass-Wanderkarte Nr. 14: Berchtesgadener Land und Chiemgauer Alpen, 1:50000

EINKEHR

Haiderhof, Tel.: 08652/770567, Mi Ruhetag. Schön gelegene Einkehr mit gemütlichem Biergarten am Eingang der Aschauer Klamm. Empfehlenswert sind die Fruchtsäfte und der Most vom Biobauern sowie die hausgemachten Kuchen.

INFORMATION

Verkehrsamt Weißbach,
Berchtesgadener Str. 12,
83458 Schneizlreuth, Tel.: 08665/7489,
E-Mail: verkehrsamt.weissbach@bgl-net.de,
Internet: www.schneizlreuth.de

Das an der Deutschen Alpenstraße gelegene Schneizlreuth liegt am Scheitelpunkt mehrerer reizvoller Bachschluchten. Die bekanntesten sind die tief eingeschnittene Weißbachschlucht im Norden und die Aschauer Klamm in südlicher Richtung. Letztere ist zum Wandern, Gumpenbaden und Canyoning wie geschaffen.

Abenteuer Aschauer Klamm Um es gleich vorwegzunehmen: Canyoning klingt zwar nach großem Abenteuer mit gewagten Abseilmanövern und Schwimmpassagen, ist aber im unteren Abschnitt der Aschauer Klamm bei niedrigem Wasserpegel eher eine harmlose Wanderung durch ein zugegeben wildes Bachbett. Zwischen Haiderhof und jener markanten Stelle, an der sich die Schlucht V-förmig in zwei Seitenarme teilt, haben wir einige Wanderer zwischen Wasserstrudeln, Gumpen und Steinplatten herumspringen sehen. Begleitet vom ewigen Rauschen des Baches ist dies im Aufstieg eine mehr als lohnende Alternative zum freilich wunderschön angelegten Steig, den wir dann im Abstieg ohnehin noch genießen. Festes Schuhwerk ist in der Bachschlucht jedoch Pflicht.

Von Schneizlreuth zum Haiderhof Um zum Haiderhof zu gelangen, wandern wir vom Parkplatz Hubertus auf dem Teerweg über die Bachbrücke der Saalach und parallel zum Fluss angenehm im schattigen Wald tal-

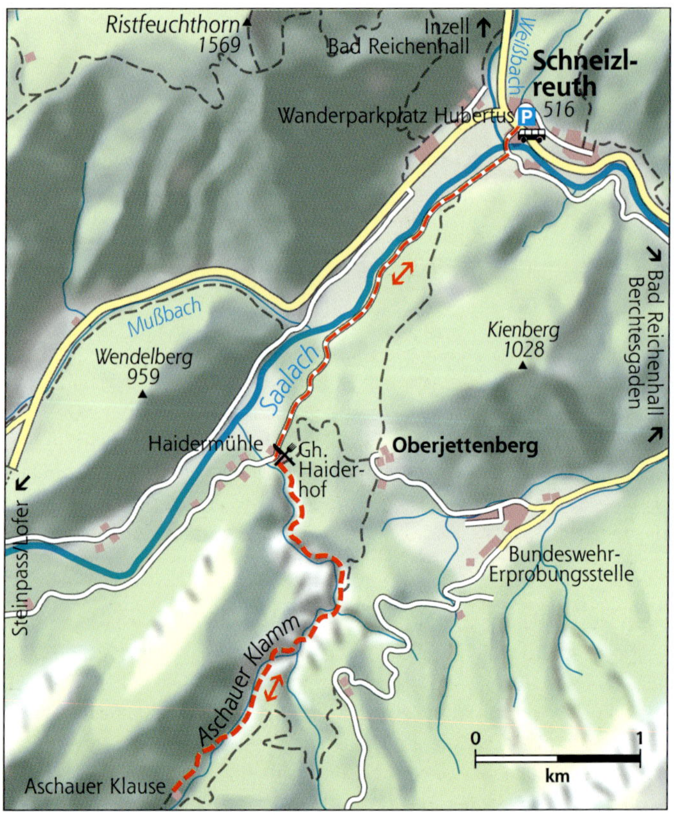

Wenn der Aschauer Bach nicht allzu viel Wasser führt, kann man sich alternativ zum markierten Steig auch direkt im Bachbett fortbewegen.

ein. An heißen Sommertagen suchen sogar die Kühe von der nahen Weide Erfrischung am steinigen Ufer; zufrieden machen sie es sich dort bequem. Später verlässt der Kiesweg das Flussufer und führt auf eine Lichtung zu. Eindrucksvoll baut sich das 1309 Meter hohe Achhorn mit seiner abschüssigen Nordwand vor uns auf; die dahinter liegenden weit höheren Loferer Steinberge bleiben uns jedoch verborgen. Nach Querung einer Pferdeweide erreichen wir den schön gelegenen Haiderhof, der vorzugsweise nach der Tour zu einer Rast einlädt.

Vom Haiderhof in die Klamm Vom Haiderhof geht es auf dem gut angelegten Steig durch das sich zunehmend verengende Tal. Bei Gewitter oder starkem Regen sollte man diese Schlucht tunlichst meiden. Denn öffnet der Himmel seine Schleusen, sammeln sich hier die Wassermassen auch der zahlreichen Nebenbäche in Windeseile und sorgen unvermittelt für reißende Fluten. Auf solche Extremsituationen zielt wohl das Warnschild »Nur für Geübte« ab, das am Schluchteingang aufgestellt wurde.

Der Aschauer Bach mündet in die Saalach, an deren Kiesbänke bei heißem Wetter sogar die Kühe Erfrischung suchen.

In den zahlreichen versteckten Nischen findet man leicht einen einsamen und erholsamen Rastplatz.

Bei trockenen Bedingungen ist die Aschauer Klamm jedoch einfach zu begehen, zumal Drahtseile an steileren Abhängen den Unsicheren Halt bieten und auch die Brücken mit einem einseitigen Geländer gesichert sind. Mit ein wenig Trittsicherheit sind die nur mitunter abschüssigen Hänge also leicht zu bewältigen. Schwindel erregende Tiefblicke bleiben aus, da der Weg nie mehr als 20 Meter hoch über dem Bachgrund verläuft.

Zwischen bizarren Felsabstürzen wandern wir in Bachnähe und wechseln über zwei Brücken die Seite. Unterwegs führen immer wieder kleine Stichpfade durch buschartige Vegetation an das Bachufer heran – für einsame Plätze zum Verweilen ist also gesorgt. An der dritten Brücke endet der eigentliche Klammweg; hier machen es sich viele im einladenden Kiesbett bequem. Das Tal teilt sich in zwei Seitenarme, links plätschert uns der Ellbach entgegen, während rechts der Aschauer Bach seinen Lauf nimmt.

Natur pur am Aschauer Bach Es folgt eine landschaftlich großartige Wegpassage entlang dem Aschauer Bach: Zunächst erklimmen wir eine kleine Steilstufe, die der Bach spielerisch mit einem Wasserfall meistert. Oberhalb wird das Gelände wieder flacher; hier überwindet der Bach kleinere Stufen kaskadenförmig in kleineren Wasserfällen. In Flachpassagen bilden sich immer wieder fotogene Gumpen. Wasser und Gestein leuch-

ten je nach Sonnenstand in den unterschiedlichsten Farbtönen. Dann entfernt sich der Steig vom Bachufer und strebt zwischendurch außer Sichtweite des Baches durch Wald auf die Aschauer Klause zu.
Die Aschauer Klause wurde Ende des 18. Jh. in Steinquadern errichtet und diente wie die Theresienklause in der Almbachklamm (siehe Tour 1) als Holztrift zur Saline in Bad Reichenhall. Die Tür zur alten hölzernen Schleuserhütte steht offen, die Fenster sind jedoch verriegelt und lassen somit kein Licht in die Räume. Leider haben Umweltsünder im Vorraum ihren Müll hinterlassen.

Gefährliche Holztrift Holz war bis Mitte des 19. Jh. die einzige nennenswerte Energiequelle, sodass die Schleuse eine wichtige Funktion einnahm. Allerdings war die Triftholzlänge aufgrund des engen Bachbetts und zum Schutz des Ufers auf drei Schuh bzw. 90 Zentimeter begrenzt. Dennoch kam es bei der Abtrift unter den Arbeitern immer wieder zu folgenschweren Unfällen, wenn sich das Holz verkeilte und an einzelnen Stellen gefährlich staute; der Fachjargon sprach dann immer von der Bildung eines »Fuchses«. Beim Entkeilen jedenfalls stürzte die Holzfracht unkontrolliert zu Tale und erschlug auf diese Weise wiederholt Menschen.
Auf der anderen Bachseite führt ein beschilderter Forstweg über Oberjettenberg zum Haiderhof zurück. Zwar bieten sich von dieser Route, die weit ausholend durch die Ellbachschlucht führt, reizvolle Ausblicke in die Ausläufer der Aschauer Klamm; mit dem prickelnden Hinweg kann diese Route jedoch nicht Schritt halten, sodass der Verfasser dieser Zeilen – sofern das Element Wasser auch im Abstieg unser Begleiter sein soll – für den gleichen Rückweg plädiert.

GLETSCHERGARTEN

Bei der Anfahrt nach Schneizlreuth passieren wir südlich von Inzell den Gletschergarten. Der glatte und ausgewaschene Fels ist bereits von der Alpenstraße gut zu erkennen. An dieser Stelle war das Eis während der Eiszeit über 400 Meter dick. Faszinierend sind die so genannten Riesentöpfe – skurril geformte Felsblöcke, die durch die Wucht des Wassers entstanden sind. Ein fantastisches Naturdenkmal, das in den Ostalpen seinesgleichen sucht. Ein beschilderter Weg führt von zwei Seiten zum Denkmal hin.

Kristallklares Wasser stürzt in Kaskaden herab und sammelt sich immer wieder in smaragdgrünen Gumpen.

4 WEITSEE, MITTERSEE, LÖDENSEE

Das Chiemgauer Drei-Seen-Gebiet

leicht | 14 km | 150 m | 3:45 Std.

Seegatterl – Weitsee – Mittersee – Lödensee – Seegatterl

CHARAKTER

Die Tour verläuft zumeist an den Seeufern von Weit-, Mitter- und Lödensee und bietet schöne Badestellen im Überfluss. Unterwegs gibt es von einem mobilen Eiskiosk abgesehen jedoch keine Einkehrmöglichkeit. Da weite Passagen der Sonne ausgesetzt sind, unbedingt Wasser mitnehmen.

AUSGANGS-/ENDPUNKT

Wanderparkplatz ca. 300 m nördlich des Großparkplatzes Seegatterl

ANFAHRT

Mit dem Auto über Marquartstein und Reit im Winkl oder über Ruhpolding zum Wanderparkplatz. Wer öffentlich anreist, fährt mit dem Zug nach Prien am Chiemsee und steigt dort in den RVO-Bus 9506 Richtung Ruhpolding um.

GEHZEITEN

Seegatterl – Dürrfeldkreuz 45 Min., Weitsee-Ostufer 30 Min., Lödensee-Liegewiesen 30 Min., Mittersee-Brücke 30 Min., Seegatterl 1:30 Std.

WEGWEISER

Bis zum Weitsee auf Chiemgau-Radwanderweg (Nr. 81), dann Wanderweg Nr. 45 bzw. am Ostufer von Löden- und Mittersee ohne Markierung

KARTE

Kompass-Wanderkarte Nr. 14: Berchtesgadener Land und Chiemgauer Alpen, 1:50 000

INFORMATION

Verkehrsamt Reit im Winkl, Rathausplatz 1, 83242 Reit im Winkl,
Tel.: 08640/800 20, Fax: 08640/800 29,
E-Mail: verkehrsamtreit@t-online.de,
Internet: www.reit-im-winkl.de

An heißen Wochenenden finden sich am Mitter- und Lödensee abseits vom Rummel zahlreiche Badegäste ein.

Das Drei-Seen-Land zwischen Ruhpolding und Reit im Winkl galt lange Zeit als Geheimtipp unter den Einheimischen. Umgeben von malerischer Chiemgauer Bergkulisse, heizt sich das Wasser des vornehmlich von den Wappenbächen gespeisten Seetrios im Hochsommer ordentlich auf. Doch nicht nur Badefreaks kommen entlang den naturbelassenen Ufern auf ihre Kosten.

Malerisches Seetrio Nördlich des Seegatterls öffnet sich das Chiemgauer Drei-Seen-Land zwischen den steilen Bergflanken der Berge Gurnwandkopf und Dürrnbachhorn. Den schönsten Blick auf dieses malerische Seetrio hat man von dem gut 800 Meter hoch gelegenen Dürrfeldkreuz, das in einer kleinen Einsattelung zwischen dem vorgelagerten Bürgl und der hoch aufstrebenden Gratschneide des Dürrnbachhorns liegt. Wir erreichen diesen markanten Punkt auf dem bekiesten Chiemgau-Radweg. Der größte der drei Seen – der Weitsee – ist nach kurzem Abstieg rasch erreicht; er misst an seiner tiefsten Stelle immerhin neun Meter und eignet sich hervorragend zum Schwimmen.

Man kann den flachen Lödensee gut mit dem Schlauchboot erkunden.

Sensible Flora und Fauna Die angrenzenden Wiesen werden nur einmal jährlich gemäht und kommen ohne Düngung aus. Auf diese Weise können sich auf dem feuchten, moorigen Untergrund schöne Streuwiesen mit seltenen Pflanzen wie der Schwertlilie entwickeln. Das so genannte Pfeifengras ist charakteristisch für diese Gegend. Bei wenig Betrieb lässt sich mit etwas Glück auch eine Ringelnatter oder ein Birkhuhn zwischen den Gräsern oder Seerosen erkennen. Da Flora und Fauna im Uferbereich sehr empfindlich sind, darf nur im eigens markierten Badebereich geschwommen werden. Auf diese Weise trägt jeder aktiv zum Schutz seltener Pflanzen und Tiere bei.

Auf halber Höhe des Sees verlassen wir die Radroute nach links und wandern auf dem Weg stets in Ufernähe an der Rettungswacht vorbei, zuletzt über einen Holzsteg zur Deutschen Alpenstraße. Nach etwa 100 Metern überqueren wir die Straße und finden hinter dem Waldparkplatz den Weiterweg zum Mittersee.

Die Seeumrundung Wir folgen nun dem Waldweg parallel zu Mitter- und Lödenseeufer bis zum Seeende stets angenehm im Schatten; alternativ steigen wir ein Stück weit direkt zum Seeufer ab und wandern dort auf den Wegspuren über Geröllfelder und ausgedehnte Liegewiesen. Beide Seen sind durch einen kleinen Wasserlauf wie mit einer Nabelschnur miteinander verbunden.

Fortan können wir diese beiden Seen klassisch umrunden; die Wegspuren in Ufernähe sind nicht zu übersehen. Am südwestlichen Ende des Mittersees führt uns eine kleine Holzbrücke wieder zu unserem Waldweg zurück. Dort halten wir uns links und gelangen über den Weitsee auf der bekannten Route wieder zu unserem Ausgangspunkt zurück.

5 AM TACHINGER SEE ENTLANG

Vom Klima verwöhnt

leicht | 10 km | 20 m | 2:30 Std.

Tettenhausen – Tengling – Tettenhausen

CHARAKTER

Einfache und genussreiche Wanderung am Ostufer des Tachinger Sees mit kleiner Zugabe im Mündungsgebiet des Tenglinger Bachs nach Tengling. Die Strecke verläuft zumeist auf Kieswegen.

AUSGANGS-/ENDPUNKT

Parkplatz am Strandbad Tettenhausen

ANFAHRT

Mit dem Auto auf der A 8 nach Traunstein, weiter auf bezeichneter Landstraße über Waging am See nach Tettenhausen. Wer öffentlich anreist, fährt mit dem Zug über Traunstein nach Waging am See; dort verkehrt die RVO-Linie nach Tettenhausen.

GEHZEITEN

Strandbad Tettenhausen – Tengling Terrassencafé 1 Std., Tengling 15 Min., Strandbad Tettenhausen 1:15 Std.

WEGWEISER

Zwischen Tettenhausen und kurz vor Terrassencafé Tengling Wanderroute Nr. 15

KARTE

Wanderkarte Chiemgau: Waginger See – Salzachtal, 1:30000, erhältlich u.a. im Verkehrsbüro Waging am See

EINKEHR

Café-Restaurant Strandbad, Tettenhausen, Tel.: 08681/358, täglich geöffnet 10–23 Uhr; Terrassencafé Tengling, im Strandbad, geöffnet Di–Fr 9–23, Sa–Mo 9–19 Uhr

INFORMATION

Verkehrsamt Waging am See, Salzburger Str. 32, 83329 Waging am See, Tel.: 08681/313, E-Mail: info@waginger-see.de, Internet: www.waginger-see.de

Gute Haltungsnoten verdient dieser Springer, der sich vom Sprungturm des Tenglinger Strandbads in den Tachinger See stürzt.

Einer Legende nach hat Waging seinen Namen von den alten Wikingern: Diese froren nämlich in ihrer Heimat derart, dass sie immer weiter gen Süden wanderten, um ihr Wagnis am Waginger See zu beenden. Ob diese Legende stimmt? Sicher ist nur, dass das Klima rund um den Waginger und Tachinger See eine Spur milder als in den Nachbargebieten ist. Und dass man am stillen Ostufer des Tachinger Sees mangels Bekanntheit allenfalls Einheimischen begegnet.

Der Tachinger See Touristisch, naturräumlich und im allgemeinen Sprachgebrauch wird der Tachinger See oft mit dem Waginger See gleichgesetzt, obwohl er sich in keinster Weise vor seinem großen Bruder verstecken muss. Jeder Wanderer wird dieser These zustimmen, denn die folgende Route direkt am weitgehend naturbelassenen Ostufer des Tachinger Sees findet sich am südlich gelegenen Waginger See mitnichten. Beide Seen sind übrigens nur durch eine bei Tettenhausen vorstoßende Landzunge voneinander getrennt.

Bereits vom Ostufer des Tachinger Sees ist die Dorfkirche von Tengling zu sehen.

KURZABSTECHER ZUR RENDLMÜHLE

Im Waginger Ortsteil Feichten beginnt an der Straße Richtung Teisendorf der Wanderweg Nr. 4 in das schöne Tal des Dobelbachs. Die stillgelegte Rendlmühle und der angrenzende Damhirschpark sind rasch erreicht. Der Park ist in dieser Gegend einzigartig und wird von der ansässigen Familie liebevoll betreut. Je nach Lust und Laune kann man das reizvolle Bachtal noch bis zur Oberdobelmühle erforschen.

Unser Ausgangspunkt, das Strandbad Tettenhausen, lag vor 1867 noch unter Wasser. In diesem Jahr wurde das Flussbett der Götzinger Achen, die am Südende des Waginger Sees bei Petting entströmt und bei Tittmoning in die Salzach mündet, abgesenkt. Auf diese Weise sank auch der Seespiegel um zwei Meter, sodass heute alle Orte außer Tettenhausen vom Seeufer abgerückt an den Hängen liegen.

Von Tettenhausen zum Seeufer Vom Strandbad wandern wir die Hauptstraße hinauf in den Ort, biegen links in die Bichelner Straße und wiederum links in den Seeleitenweg. Die Straße führt durch ruhiges Wohngebiet über den Ortsrand hinaus an einer Kneippanlage vorbei durch Wald zum schilfbewachsenen Ufer. In diesem Bereich brüten seltene Entenarten sowie Brachvogel, Wasserralle und Zwergrohrdommel. Es dauert nicht lange, und die ersten geeigneten Badestellen tauchen einschließlich komfortabler Liegewiesen auf. Der See ist mit Wassertemperaturen von rund 27° C im Sommer der wärmste See Oberbayerns und damit ein Eldorado für Wassersportler. Drei Segelclubs teilen sich das Revier, daneben bieten mehrere Bootsverleihe Paddel-, Ruder-, Tret- und Elektroboote an.

Die fürstliche Hofküche in Salzburg verspeiste früher jährlich zwei Tonnen Fische aus dem Waginger und Tachinger See, hauptsächlich Waller und Hechte. Auch heute noch ist der See ein hervorragendes Fischwasser, in dem vor allem Aale, Zander, Hechte, Waller, Brachsen und Kleine Maränen gefangen werden. Berufs- und Sportfischer erbeuten jährlich etwa 45 Tonnen Fische.

Zum Tenglinger Strandbad Am nördlichen Seeende erreichen wir nach Querung des Tenglinger Bachs das Strandbad von Tengling. Das Bad kostet keinen Eintritt, sodass jeder dem bunten Badetreiben zuschauen kann. Höhepunkt für die Kinder ist der Sprungturm im Tiefwasserbereich, wenn man diesen Begriff bei durchschnittlich sieben Meter Wassertiefe überhaupt verwenden darf.

Vom Parkplatz des Strandbads führt ein Wanderweg durch die Auen des Tenglinger Baches nach Tengling; die Dorfkirche ist schon von Weitem zu sehen. Nach diesem Abstecher kehren wir auf derselben Route wieder zum Ausgangsort zurück.

6 OBERHALB DER TIROLER ACHEN

Auf alter Schmugglerfährte

mittel | 13 km | 350 m | 3:30 Std.

Ettenhausen – Klobenstein – Kössen – Ettenhausen

CHARAKTER

Beliebte Schluchtdurchschreitung zwischen Ettenhausen und Kössen stets oberhalb der reißenden Tiroler Achen. Am eindrucksvollsten zeigt sich der Wildbach von der Hängebrücke Klobenstein, sonst versteckt er sich immer wieder in der felsigen Klamm. Ein guter Teil des welligen Streckenprofils wird auf einem bei Nässe glitschigen Steig zurückgelegt.

AUSGANGS-/ENDPUNKT

Wanderparkplatz in Ettenhausen

ANFAHRT

Mit dem Auto auf der A 8 Ausfahrt Bernau und auf der B 305 über Marquartstein und Schleching nach Ettenhausen; im Ort den Wegweisern »Schmugglerweg« bis zum Wanderparkplatz folgen. Alternativ mit dem RVO-Bus 9509 von Traunstein nach Ettenhausen, am Wochenende jedoch eingeschränkter Betrieb.

GEHZEITEN

Ettenhausen – Wasserfall 15 Min., Wallfahrtskirche Klobenstein 30 Min., Kössen 1:15 Std., Ettenhausen 1:30 Std.

WEGWEISER

Wanderweg Nr. 29

KARTE

Kompass-Wanderkarte Nr. 10: Chiemsee – Simssee, 1:50 000

EINKEHR

Taverne Klobenstein, zwischen Hängebrücke und Wallfahrtskirche, schön gelegene und urig eingerichtete Brotzeit-Jause, Tel.: 0043/664/5138178, geöffnet Ostern bis 1. November täglich; Restaurants und Cafés im Ortskern von Kössen

Von der Klobensteiner Hängebrücke hat man den eindrucksvollsten Blick in die Schlucht der Tiroler Achen.

Der wildromantische Steig oberhalb der Tiroler Achen führt durch dichten Wald und bayerisch-österreichisches Grenzgebiet – ideal für Schmuggler, die nicht entdeckt werden wollen. So wurde dieser Pfad noch bis ins 20. Jh. rege genutzt, um meist im Schutz der Dunkelheit gediegene Waren der lästigen Zollkontrolle zu entziehen. Heute sind auf dieser abwechslungsreichen Route eher Familien mit Kindern unterwegs.

Auf Schmugglerfährte zur Hängebrücke Vom Wanderparkplatz in Ettenhausen gehen wir auf breitem Weg in südliche Richtung. Wir erreichen die dorfnahen Heimweideflächen, auf denen ein paar Noriker-Pferde friedlich grasen. Hinter den Weiden zweigt links ein Weg zum beschilderten Wasserfall und kleinen Ridersberger See ab – eine mögliche Alternative zum Hauptweg. Der kurze Abstecher führt vom See rechts wieder zur Hauptroute zurück.

Nach gut einem Kilometer werden etwaige Mountainbikefahrer abrupt gestoppt: Schluss mit dem moderat ansteigenden Fahrweg, jetzt folgt ein abwechslungsreicher Steig mit kurzem Anstieg durch den Wald. Wurzeln, Steine und weicher Waldboden wechseln sich ab, teilweise geht es treppenförmig durch das Gelände. Wir erreichen die bayerisch-österreichische Grenze: Ob der Hinweis auf dem Schild, dass der Grenzübertritt nur zwischen 9 und 21 Uhr erlaubt sei, wohl ernst zu nehmen ist? Will man mit dieser sonderbaren Einschränkung auch heute noch verkappte Schmuggler das Fürchten lehren?
Wenig später führt ein abzweigender Steig durch den steilen Abhang zur Klobensteiner Hängebrücke hinab. Beim Abstieg kann man schon einmal – vor allem, wenn man wagemutig das Holzgeländer überklettert – über die steile Felswand einen imposanten Tiefblick auf die Brücke werfen. Unten in Begleitung eines kleinen Wildbachs angekommen, schwingt die Brücke zur Enttäuschung der Kinder jedoch gar nicht übermäßig. Dafür zeigt sich die Tiroler Achen hier von ihrer schönsten Seite: Flussaufwärts führt sie durch eine reizvolle Felsklamm, geradezu geschaffen für ambitionierte Kanufahrer; weiter nördlich breitet sich am Ufer ein komfortables Kiesbett aus, vor dem die Bach- und Felskulisse besonders beeindruckend wirkt.

Abstecher nach Klobenstein An der östlichen Hangseite lohnt der kurze Gegenanstieg an der Taverne Klobenstein vorbei zur versteckt liegenden Waldkirche Klobenstein. Nur wenige Meter oberhalb verläuft übrigens die Bundesstraße mit Bushaltestelle, sodass die Tour an dieser Stelle bequem abgebrochen werden kann.

Von Klobenstein nach Kössen und zurück Andernfalls kehren wir nach diesem Abstecher auf demselben Weg über die Hängebrücke zur Abzweigung zurück und wandern in südlicher Richtung weiter durch den Wald. Der Steig verliert immer mehr an Höhe und nähert sich somit dem Wildbach. Am Ausgang der Klamm erreichen wir die weiten Wiesen von Kössen und gelangen zuletzt auf einer kleinen Teerstraße in den Ort. Der Rückweg ist von zwei Ausnahmen abgesehen mit dem Hinweg identisch: Die Abstecher nach Klobenstein und zum Wasserfall haben wir bereits hinter uns und können somit direkt zum Wanderparkplatz zurückkehren. Alternativ besteht in Kössen eine RVO-Busverbindung nach Ettenhausen (an Werktagen fünfmal täglich).

DIE QUELLENLEGENDE VON KLOBENSTEIN

An der Eingangstür der Klobensteinkapelle ist die folgende Legende nachzulesen:
»Bernadette, das Mädchen von Lourdes, war das älteste von sechs Kindern der Familie Soubirous, die in größter Armut in Lourdes lebte; ihre Behausung war ein ehemaliges Gefängnis. Als Bernadette mit 14 Jahren einmal Holz sammeln sollte, kam sie in die Nähe einer Grotte. Dort sah sie eine wunderschöne Dame, die sie nicht erkannte. Erst später gab sich die Dame zu erkennen: »Ich bin die Unbefleckte Empfängnis.« Die Gottesdame sagte zu Bernadette: »Bete für die Sünder. Und sage den Priestern, ich will hier eine Kapelle haben.« Außerdem sagte sie dem Mädchen, es solle an dieser Stelle nach einer Quelle graben. Das war 1858, und die Quelle fließt noch heute. Bald verbreiteten sich die Neuigkeiten von Lourdes. Bis zum heutigen Tag pilgern Menschen aus aller Welt nach Lourdes, um zu beten, viele suchen Heilung in der Quelle.«

Der Kanusport hat an der Tiroler Achen Hochkonjunktur.

7 AM CHIEMSEEUFER

Von Prien nach Gstadt

mittel 9 km 40 m 2:30 Std.

Prien – Schafwaschener Bucht – Urfahrn – Gstadt

CHARAKTER

Der breite Uferweg führt ohne große Steigungen und Abstiege fast durchgängig direkt am Chiemsee entlang.

AUSGANGSPUNKT

Schiffsanleger Prien

ENDPUNKT

Schiffsanleger Gstadt

ANFAHRT

Stündliche Zugverbindung nach Prien auf der Strecke München–Salzburg. Vom Bahnhof etwa 20 Min. zu Fuß zum Chiemseeufer; man kann diese Strecke auch mit der Dampflok (»Bockerl-Bahn«) zurücklegen. Mit dem Auto von der Autobahn München–Salzburg (Ausfahrt Bernau) etwa 6 km nach Prien. Parkplatz beim Erlebnisbad »Prienavera«.

RÜCKFAHRT

Von Gstadt zurück nach Prien empfiehlt sich die Fahrt mit dem Chiemseeschiff (Dauer ca. 30 Min., Fahrplaninfo Tel.: 08051/609100 oder www.chiemsee-schifffahrt.de). Alternativ Busverbindung.

GEHZEITEN

Prien – Schafwaschener Bucht 45 Min., Urfahrn 45 Min., Gstadt 1 Std.

KARTE

Kompass-Wanderkarte Nr. 10: Chiemsee – Simssee, 1:50000

SPEZIELLE HINWEISE

Auch im Winter sehr schöne Wanderung.

EINKEHR

Seecafé Toni (Tel.: 08054/577) nach etwa einem Drittel der Strecke 200 m oberhalb des Wegs das mit einem sehr schönen Blick. Im weiteren Verlauf Kioske und Strandrestaurants.

INFORMATION

Kur- und Tourismusbüro, Alte Rathausstraße 11, 83209 Prien am Chiemsee, Tel.: 08051/69050, Fax: 08051/690540, E-Mail: info@tourismus.prien.de, Internet www.prien.de; Abtei Frauenwörth, 83256 Frauenchiemsee, Tel.: 08054/9070, Fax: 08054/7967, E-Mail: frauenwoerth@t-online.de, Internet: www.frauenwoerth.de

Vor der prächtigen Kulisse der Chiemgauer Alpen zeigt Bayerns größter See seine ganze landschaftliche Schönheit. Auf dem Uferweg gibt es im Schilfgürtel Tiere zu entdecken und Teichrosen zu bewundern und nach dem Besuch der Fraueninsel kann man mit dem Boot zurückfahren.

In der Eiszeit entstanden Zwischen 10000 und 20000 Jahre vor unserer Zeitrechnung war der bayerische Voralpenraum mehrfach von meterdicken Gletschern bedeckt. Während dieser Eiszeiten schoben die Eismassen große Erdwälle vor sich her, an denen sich beim Abtauen der Gletscher das Wasser staute. Auf diese Weise sind neben dem Chiemsee auch andere Seen im Voralpenland entstanden.
Das »Bayerische Meer«, wie der Chiemsee im Volksmund gerne genannt wird, ist gut 10 Kilometer lang, 8 Kilometer breit und bis zu 74 Meter tief. Sein Wasser erhält er über die Tiroler Achen und die Prien, der Fluss Alz verlässt bei Seebruck den See. Neben der großen Insel Herrenchiemsee, die das Schloss König Ludwigs II. beherbergt und die wir während der Wanderung fast die ganze Zeit über sehen können, gibt es die kleinere Insel Frauenchiemsee, die wir abschließend besuchen können.

Von Prien nach Osternach Unsere Tour beginnt beim Schiffsanleger Prien, der im Ortsteil Stock liegt. Der Chiemseeuferweg führt am Erlebnisbad »Prienavera« und der Schiffswerft Stippel vorbei in nördlicher Richtung in etwa 100 Meter Entfernung am Wasser entlang. Hinter dem Ortsteil Osternach passieren wir eine kleine, mit Schilf bewachsene Halbinsel, die nicht betreten werden soll. Wer ein Fernglas dabeihat, kann mit etwas Geduld verschiedene Enten- und Vogelarten beobachten.

Die Schafwaschener Bucht Gleich darauf kommen wir zur Mündung der Prien und gehen zunächst etwa 200 Meter am Flussufer entlang und vom See weg. Über eine kleine Fußgängerbrücke erreichen wir die andere Seite der Prien und sehen direkt vor uns das Strandbad Rimsting. Der Weg führt auf der linken Uferseite ein Stück flussaufwärts; hinter den Sportplätzen geht es dann rechts weiter.

Am Ende des langen, geraden Wegs wird die Schafwaschener Bucht erreicht. Zur Brutzeit sieht man hier sehr viele Schwarzhalstaucher mit ihren Jungen. Die kleinen Wasserbewohner sind gut an ihrem schwarzen Hals und dem goldbraunen Federschopf an den Ohren zu erkennen; auffällig sind auch die roten Augen.

Baden in Urfahrn Ein kurzes Stück der Schafwaschener Bucht müssen wir auf dem Gehsteig entlang einer Autostraße zurücklegen, nach etwa 15 Minuten Gehzeit beginnt rechter Hand wieder der Seeuferweg. Wir queren jetzt die Halbinsel Sassau, die für die Öffentlichkeit gesperrt ist. Kurz darauf wird bereits die Kaibacher Bucht erreicht, die zu allen Jahreszeiten das Ziel vieler Erholungssuchenden ist. Das nach Südwesten ausgerichtete Ufer liegt an schönen Tagen komplett in der Sonne, und über den Chiemsee hinaus hat man einen tollen Blick auf die Alpengipfel. Im Strandbad Urfahrn herrscht im Sommer Hochbetrieb: Auf den Liegewiesen ist am Nachmittag kaum mehr ein Platz zu finden. Dennoch kommen die Menschen gerne hierher, denn von dem hölzernen Steg aus kann man bequem ins Wasser steigen oder auch mal einen Kopfsprung wagen.
Im weiteren Verlauf der Wanderung kann man durch die Bäume hindurch zwischen Herren- und Fraueninsel die Krautinsel sehen, die kleinste der drei Chiemseeinseln. Am Schiffsanleger von Gstadt haben wir das Ziel dieser Wanderung erreicht. Von hier gibt es die Möglichkeit, mit der Fähre auf die Fraueninsel überzusetzen.
Entweder von dort oder direkt von Gstadt bringt uns ein Schiff der Chiemseelinie in kurzer Zeit wieder nach Prien zurück.

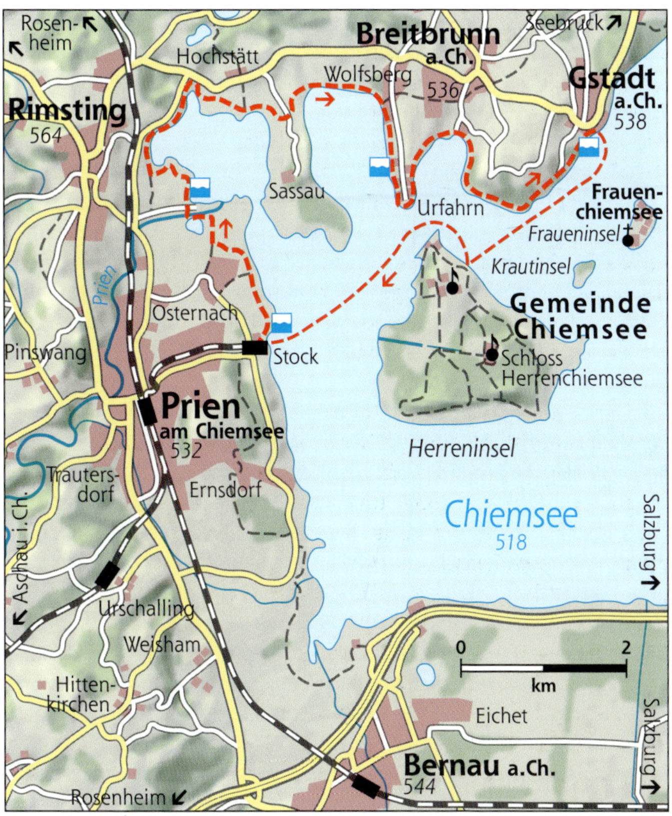

BADEN IM CHIEMSEE

Gleich zu Beginn der Wanderung liegt in Prien das Erlebnisbad »Prienavera« direkt an der Strecke, das man auch nach der Rückkehr noch gut besuchen kann. Unterwegs gibt es beim Strandbad Rimsting, in Kailbach und in Urfahrn schöne Badeplätze am See. Zwischen Urfahrn und Gstadt findet man direkt am Uferweg immer wieder kleine, teils von Schilf umgebene Badebuchten.

Linke Seite: Altes Badehaus in der Schafwaschener Bucht

Eine von vielen Badebuchten unterwegs

JAHRESPROGRAMM DER ABTEI

Die Abtei Frauenwörth bietet auf der Fraueninsel Seminare und Kurse in den Bereichen Lebensorientierung, Einkehr und Besinnung im Kloster, Kreativität sowie Gesundheit. Wer nähere Informationen darüber möchte, kann eine E-Mail an seminar.abtei@t-online.de schicken oder sich das Kursprogramm auf www.frauenwoerth.de herunterladen.

8 RUND UM DEN HARTSEE

Die Eggstätter-Hemhofer Seenplatte

mittel 8 km 30 m 2:30 Std.

Schloss Hartmannsberg – Kautsee – Achenberg – Eggstätt – Schloss Hartmannsberg

CHARAKTER

Einfach zu gehende Tour auf gut befestigten Wald- und Landwirtschaftswegen ohne Autoverkehr, keine nennenswerten Steigungen und Abstiege.

AUSGANGS-/ENDPUNKT

Wanderparkplatz beim Schloss Hartmannsberg

ANFAHRT

Stündliche Zugverbindung nach Bad Endorf auf der Strecke München–Salzburg, von dort mehrmals täglich weiter mit dem RVO-Bus nach Hemhof oder Schloss Hartmannsberg. Mit dem Auto fährt man von der Autobahn München–Salzburg über die Ausfahrt Rosenheim nach Bad Endorf und weiter Richtung Traunstein zum Wanderparkplatz beim Schloss Hartmannsberg.

GEHZEITEN

Schloss Hartmannsberg – Kautsee 30 Min., Achenberg 30 Min., Eggstätt 30 Min., Schloss Hartmannsberg 1 Std.

WEGWEISER

11 B, Rundwanderweg Hartsee

KARTE

Kompass-Wanderkarte Nr. 10: Chiemsee – Simssee, 1:50000

SPEZIELLE HINWEISE

Die Wanderung ist auch im Winter sehr schön zu machen.

EINKEHR

Strandrestaurant und Kiosk beim Strandbad Eggstätt; Brandlwirt, Dorfstraße 3, Hemhof

INFORMATION

Kurverwaltung Bad Endorf, Bahnhofstraße 6, 83093 Bad Endorf, Tel.: 08053/9422, Fax: 08053/300830, E-Mail: info@bad-endorf.de, Internet: www.bad-endorf.de; Tourist-Information, Obinger Str. 7, 83125 Eggstätt, Tel.: 08056/1500, Fax: 08056/1422, E-Mail: verkehrsamt@eggstaett.de, Internet: www.eggstaett.de

Oben: Seerosen auf einem kleinen See im Moorgebiet

Die Eggstätter-Hemhofer Seenplatte ist das größte und älteste Naturschutzgebiet im Landkreis Rosenheim. Die Landschaft ist geprägt von ausgedehnten Seerosenfeldern sowie von Mooren mit bemerkenswerter Vegetation.

Eiszeit-Relikt Ähnlich wie der Chiemsee ist auch die Eggstätter-Hemhofer Seenplatte während der letzten Eiszeiten beim Abschmelzen der riesigen Gletscher entstanden. Auf engstem Raum liegen heute 17 größere und kleinere Seen beieinander, manche davon sind nur einen Steinwurf voneinander entfernt. Da jeder See sich anders entwickelt als der Nachbarsee, können wir auf dieser Tour die unterschiedlichsten Stadien beobachten, angefangen von fast zugewachsenen Schilftümpeln über Moore bis hin zur verlandeten Streuwiesen.

Durch das Moorgebiet Die Wanderung beginnt am Wanderparkplatz beim Schloss Hartmannsberg. In dem barocken Schloss hielt sich in der ersten Hälfte des 19. Jh. der Maler Leo Putz auf, der als wichtigster Künstler des Münchner Jugendstils gilt und ein Freund von Ludwig Thoma und Thomas Mann war. Auch andere Maler arbeiteten zeitweise in dem schön gelegenen herrschaftlichen Gebäude. Für die Öffentlichkeit ist das Schloss Hartmannsberg nur im Rahmen von Konzerten, Ausstellungen oder Theateraufführungen zugänglich. Der Wanderweg »11 B« führt direkt in ein wunderschönes Moorgebiet. Am Wegesrand sehen wir große Wiesen mit Schachtelhalmen, an besonders feuchten Orten wachsen knallgelbe Trollblumen, an eher trockenen Stellen finden wir das Heidekraut. Nach etwa 20 Minuten Gehzeit taucht linker Hand ein kleiner See auf, der an der Oberfläche von schönen Seerosen bedeckt ist.

An der nachfolgenden Abzweigung halten wir uns links, etwa 100 Meter weiter geht es rechts am Kautsee vorbei zum Hartsee, an dem wir links herum mit der Seeumrundung beginnen. Der Weg führt zunächst wieder durch Moorgebiet, etwas später kommen wir beim Achenberg hinaus auf die Streuwiesen, die im Sommer von Mehlprimeln und Enzian bedeckt sind.

Genüssliches Bad im Kautsee

Baden im Hartsee Bei Erreichen der Autostraße halten wir uns rechts und gelangen über Wiesen und Felder zum Eggstätter Strandbad, wo es auch einen Ruderbootverleih sowie einen schönen Kinderspielplatz gibt.

Vom Strandbad wandern wir in Ufernähe weiter in Richtung Süden. Der Weg führt ein kurzes Stück leicht bergauf und bergab durch den Wald. In der Nähe des Kautsees ist die Umrundung des Hartsees abgeschlossen und wir treffen wieder auf den Wanderweg »11 B«, auf dem es durchs Moor zurück zum Wanderparkplatz beim Schloss Hartmannsberg geht.

SCHLITTSCHUHLAUFEN

Die Gewässer der Eggstätter Seenplatte sind im Winter ein Paradies für Schlittschuhläufer. Doch Vorsicht, an machen Stellen gibt es unterirdische Quellen, in deren Nähe das Eis nur ganz dünn ist. Im Zweifelsfall kann man sich bei den Einheimischen erkundigen.

KULINARISCHES

Die besten Schmalznudeln weit und breit sowie leckere Schinkenspezialitäten und selbst gebackenes Brot gibt es beim Brandlwirt (die Einheimischen sagen bei der »Berta«), Dorfstraße 3, Hemdorf, Mo–Fr und Sa ab 17 Uhr und So ab 15 Uhr geöffnet.

9 GIESSENBACHKLAMM UND HECHTSEE

Die Kraft des Wassers erleben

mittel | 11 km | 200 m | 3:30 Std.

Kiefersfelden – Schopperalm – Hechtsee – Kiefersfelden

CHARAKTER

Zur Gießenbachklamm wandern wir etwa 2 km auf einem gut befestigten Waldweg am Kieferbach entlang, ab der Abzweigung Hechtsee folgt ein 1,5 km langes Stück auf einer wenig befahrenen Autostraße. Durch die Klamm führen über 100 Treppenstufen sowie ein gut begehbarer Steig steil bergauf. Auf dem gleichen Weg geht es zurück bis zur Abzweigung Hechtsee, dann folgt ein kurzer Anstieg auf einem schmalen Waldweg, der im weiteren Verlauf am Hechtsee entlangführt. Der restliche Weg zurück nach Kiefersfelden erfolgt auf wenig befahrenen Nebenstraßen.

AUSGANGS-/ENDPUNKT

Bahnhof Kiefersfelden

ANFAHRT

Stündliche Verbindung mit der Deutschen Bahn auf der Strecke Rosenheim–Kufstein. Mit dem Auto fährt man auf der Autobahn München–Inntal-Dreieck–Kufstein und kommt über die Ausfahrt Kiefersfelden direkt in den Ort. Parkmöglichkeiten gibt es links und rechts der Kufsteiner Straße.

GEHZEITEN

Kiefersfelden – Schopperalm 1:30 Std., Hechtsee 1 Std., Kiefersfelden 1 Std.

WEGWEISER

Gießenbachklamm, Hechtsee

KARTE

Kompass-Wanderkarte Nr. 8: Tegernsee/Schliersee, 1:50 000

EINKEHR

Schopperalm, oberhalb der Gießenbachklamm, verschiedene Brotzeiten, Tel.: 08033/78 17, kein Ruhetag; Restaurant Seearena am Hechtsee, Tiroler Küche, Tel.: 0043/5372/64 516, kein Ruhetag

INFORMATION

Kur- und Verkehrsamt, Dorfstraße 23, 83088 Kiefersfelden, Tel.: 08033/97 65 27, Fax: 08033/97 65 44, E-Mail: info@kiefersfelden.de, Internet: www.kiefersfelden.de

Abwechslung pur: Ein reißender Gebirgsbach, das größte Wasserrad Bayerns, eine ruhige Almgegend sowie ein idyllisch gelegener Gebirgssee zählen zu den Highlights dieser Tour.

Am Kieferbach entlang Vom Bahnhof in Kiefersfelden geht es rechts über die Wilhelm-Kroener-Straße hinauf in den Ort. Dort halten wir uns auf der Kufsteiner Straße rechts und biegen nach etwa 300 Metern direkt vor der Brücke über den Kieferbach links in den Egelseeweg ein. Bei den letzten Häusern endet die Straße und geht in einen befestigten Wanderweg über, dem wir am linken Ufer des Kieferbachs entlang folgen.
Nach etwa 30 Min. Gehzeit dringt unvermittelt ein intensiver Geruch nach faulen Eiern in die Nase. Er stammt von schwefelhaltigem Wasser – was es damit auf sich hat, werden wir später noch genauer erfahren. Zunächst müssen wir bei der Abzweigung zum Hechtsee rechts abbiegen und bei der Brücke den Kieferbach überqueren.

Der »Wachtl-Express« Wir erreichen die parallel zum Fluss verlaufende Autostraße und folgen dieser links in Richtung Wachtl. Rechts neben der Straße sehen wir die Schienen einer Schmalspurbahn. Auf diesen transportierte bis vor einigen Jahren der »Wachtl-Express« täglich in 12 bis 14 Fahrten jeweils rund 400 Tonnen Kalkstein vom Zementwerk Wachtel auf der 5 Kilometer langen Strecke nach Kiefersfelden. Nach Schließung der Zementfabrik sind es heute nur noch zwei Fahrten, mit denen Steine aus dem dortigen Steinbruch nach Kiefersfelden gelangen. 1990 hat die einheimische Museumseisenbahn-Gemeinschaft drei ausrangierte Perso-

FAHRT MIT DEM WACHTL-EXPRESS

An sieben Wochenenden im Jahr verkehrt der legendäre »Wachtl-Express« mit Eisenbahnwagen aus dem Jahre 1912 zwischen Kiefersfelden und dem ehemaligen Zementwerk Wachtl, gezogen von einer E-Lok, Typ Krokodil, Baujahr 1929. Nähere Auskünfte über die genauen Termine und Abfahrtszeiten sind beim Kur- und Verkehrsamt Kiefersfelden, Tel.: 08033/97 65 27, oder im Internet unter www.kiefersfelden.de zu erfahren.

Linke Seite: Hier fließt das Wasser aus der Gießenbachklamm wieder gemächlich dahin.

Idealer Badeplatz für Kinder: Das Strandbad am Hechtsee

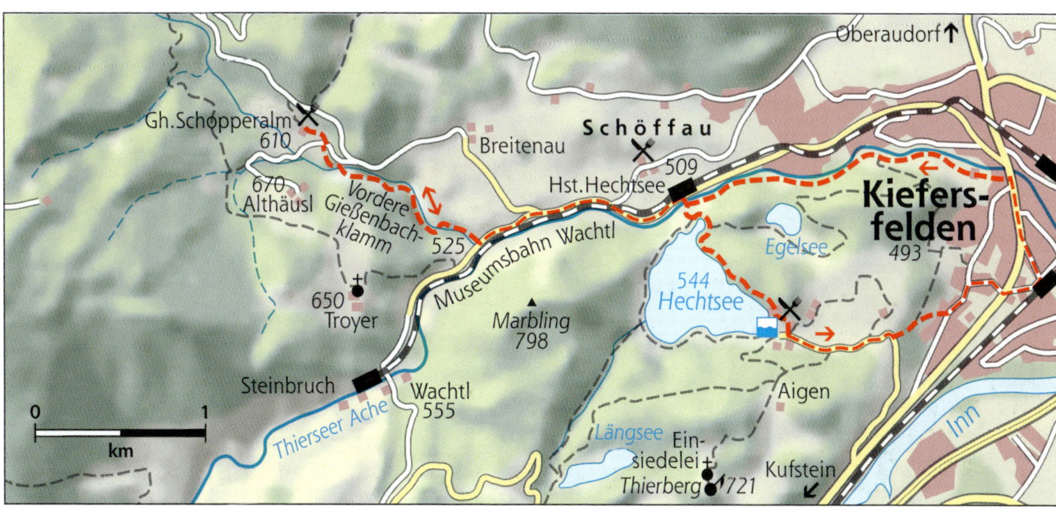

nenwagen der Wendelstein-Zahnradbahn erstanden; seitdem findet zwischen Juni und Oktober an sieben Wochenenden ein beliebter Personenverkehr auf dieser Strecke statt.

Strom aus Wasser Wir folgen etwa 1,5 Kilometer der Autostraße, zwischendurch wechseln wir von der rechten auf die linke Seite der Schienen. Beim Sägewerk Bleiersag beginnt rechter Hand der Weg zur Gießenbachklamm. Außen am Sägewerk dreht sich gemächlich das größte Wasserrad Bayerns. Angetrieben vom Wasser des Gießenbachs erzeugt es Strom für das Sägewerk. Bei näherem Hinsehen fällt auf, dass das Wasser von oben auf die Schaufeln des über 7 Meter hohen hölzernen Rads trifft, obwohl der Bach deutlich erkennbar unterhalb des Wasserrads vorbeiströmt. Das Geheimnis lüftet sich, wenn wir etwa 300 Meter den Weg in Richtung Gießenbachklamm hinaufsteigen. Hier sehen wir eine große Röhre, in die ein Teil des Wassers hineinfließt und seitlich des Wegs zum Sägewerk geleitet wird. Durch die Höhe der Einleitungsstelle wirkt so viel Druck auf das Wasser, dass es ohne Pumpe die Höhe des Wasserrads erreichen kann.

Durch die Gießenbachklamm Kurz darauf passieren wir ein Wasserkraftwerk, in dem auf moderne Art mit einer stählernen Turbine elektrischer Strom gewonnen wird. Wenn man genau hinhört, kann man deut-

Vom Strandrestaurant am Hechtsee gibt es einen schönen Ausblick auf den See.

Die tiefen Wälder spiegeln sich im Hechtsee.

lich den Unterschied zur Stromerzeugung mit dem Holzrad feststellen. Von der modernen Technologie geht ein Brummton aus, der wesentlich lauter ist als das fast geräuschlose Drehen des hölzernen Wasserrads. Direkt beim Kraftwerk steigen wir über mehr als 100 Treppenstufen in die Gießenbachklamm hinein. Die Sonnenstrahlen erreichen den Boden nicht mehr, und tief unter uns ist das donnernde Rauschen des Wassers zwischen den Felsen zu hören. Wir bewegen uns auf einem durch Geländer gesicherten Pfad. An manchen Stellen gibt es einen atemberaubenden Blick in die Tiefe.

Der Weg durch die Klamm endet fast abrupt an einer Staumauer; dahinter beginnen bereits die Wiesen eines flachen und weiten Hochtals. Der Bach fließt hier gemächlich dahin und seine zahlreichen Seitenarme laden die Kinder zum Staudammbauen geradezu ein. Äste und Geröll sind ausreichend vorhanden. Auf der nahe liegenden Schopperalm können wir uns anschließend bei einer Brotzeit stärken.

Zum Hechtsee Auf dem Rückweg wandern wir zuerst durch die Gießenbachklamm wieder zurück auf die Straße, steigen aber dann an der Stelle, an der die Brücke über den Kieferbach führt, geradeaus hinauf zum Hechtsee. Der eingangs erwähnte Schwefelgeruch beißt wieder in der Nase. Oben angekommen, können wir den Grund dafür an einer Tafel nachlesen: Über ein Rohr wird Tiefenwasser aus dem Hechtsee abgeleitet, das aufgrund von Sauerstoffmangel eine Schwefelverbindung gebildet hat.

Mit Blick auf das Kaisergebirge wandern wir links um den Hechtsee herum. Das alpine Gewässer ist reich an Fischen, darunter die Raubfische Hecht und Zander sowie Friedfische wie Karpfen und Schleien. Hinzu kommen Forellen, Renken und Saiblinge.

Nach etwa 300 Metern teilt sich der Weg: Man kann entweder unten direkt am Ufer gehen oder etwa 30 Meter parallel dazu etwas oberhalb durch den Wald. Bei dem schön gelegenen Strandbad kommen beide Wege wieder zusammen. Hier kann man gut einige Zeit verweilen und von der Liegewiese aus das herrliche Alpenpanorama genießen. Über den König-Otto-Weg, den Hechtseeweg und die Bahnhofstraße kommen wir wieder an den Ausgangspunkt in Kiefersfelden zurück.

DAS KIEFERER WASSERKRAFTFEST

Am Pfingstmontag 2003 spielte zum ersten Mal am Wasserrad bei der Gießenbachklamm die Musik auf. Dazu wurde Brotzeit und Bier vom Fass angeboten. Das Kraftwerk war zur Besichtigung geöffnet, man servierte Kaffee und Kuchen, und auf der Schopperalm gab es ebenfalls Brotzeit und Musik. Dieses Fest soll künftig jedes Jahr am Pfingstmontag stattfinden.

10 DIE INNSCHLEIFE BEI WASSERBURG

Kunst und Natur am Inn

leicht | 17 km | 30 m | 4:15 Std.

Inndamm Wasserburg (Skulpturenweg) – Attel – Wasserburg

CHARAKTER

Im Stadtgebiet von Wasserburg verläuft die Wanderung als Rundtour überwiegend auf dem Skulpturenweg an der Innschleife. Die Strecke nach Attel führt auf dem wenig gepflegten Weg am Innufer entlang nach Süden. Zur Burg und zum Kloster Attel kurze Anstiege auf einem Treppenweg.

AUSGANGS-/ENDPUNKT

Parkplatz Landwehrstraße (Innufer)

ANFAHRT

Mit der Bahn von München zum Bahnhof Wasserburg im Ortsteil Reitmehring; von hier verkehrt die RVO-Buslinie 9418 bis zum Ausgangsort. Autofahrer steuern von München auf der B 304 über Ebersberg nach Wasserburg.

GEHZEITEN

Parkplatz Landwehrstraße – Ende Skulpturenweg 20 Min., Inntreppe an der Burg 15 Min., Staustufe 20 Min., Attel 1:30 Std., Innbrücke 1:40 Std., Parkplatz 10 Min.

WEGWEISER

Keine einheitliche Markierung

KARTE

Stadtplan Wasserburg am Inn, Verlag E. v. Wagner & J. Mitterhuber GmbH, 1:10 000 (erhältlich beim Fremdenverkehrsamt Wasserburg)

EINKEHR

In der Altstadt von Wasserburg gibt es zahlreiche Cafés und Restaurants.

INFORMATION

Fremdenverkehrsamt Wasserburg, Marienplatz 2, 83512 Wasserburg am Inn, Tel.: 08071/105 22, Fax: 08071/105 21, E-Mail: touristik@stadt.wasserburg.de, Internet: www.wasserburg.de

Eines der Wahrzeichen von Wasserburg ist das Brucktor, der Eingang zur Stadt. An der dem Inn zugewandten Seite sind Wandmalereien aus dem Jahr 1568 zu bewundern.

Wie ein Hufeisen schmiegt sich der Inn um die Altstadt von Wasserburg mit ihren malerischen Hausfassaden und stimmungsvollen Laubengängen. Im Anblick dieser südländisch anmutenden Stadtkulisse wurde auf dem Inndamm der Skulpturenweg angelegt. Unterhalb der Burg beginnt ein landschaftlich überaus reizvoller Weg an der großen Staustufe vorbei durch die Innauen in den alten Klosterort Attel.

Skulpturenweg am Inn Vom Parkplatz an der Landwehrstraße sind es nur wenige Meter bis zum Skulpturenweg, der 1988 von der Künstlergemeinschaft Wasserburg entlang der Innschleife eröffnet wurde. Dabei fügen sich die insgesamt 32 Skulpturen und raumgreifenden Kunstobjekte harmonisch in die Altstadtkulisse und den ruhig dahin-

Ein kleines Hausboot als Alternative zur Stadtwohnung ist im Hochsommer bestimmt sehr schön.

fließenden Inn ein. Wir stoßen bei Skulptur Nr. 5 auf den Weg, halten uns links und wundern uns zum Beispiel über den Anblick der ausrangierten Tresorschränke vor dem felsigen Steilufer des Inns.

An der Skulptur Nr. 32 von Devens/Schmidhuber endet der Skulpturenweg. Zwar würde der Weg am Innufer nordwärts weiterführen, uns interessiert jedoch der reizvollere Innweg an der südlichen Stadtseite. Hierfür durchqueren wir die Altstadt auf folgender Route: den Riedener Weg bis zum stillgelegten Bahnhof wandern, dort rechts über Bahnhofsplatz und Weberzipfel bis zum Fuß der Burgmauer, die in Treppen angelegte Burggasse hinauf zur Wallerburg und weiter links bis zur alten Pfarrkirche St. Jakob. An einem kleinen Park zweigt gegenüber der Kirche ein Treppenweg zum Innufer ab (Wegweiser »Innfront Staustufe«).

Früchteparadies am Innufer Am Innufer angekommen, queren wir auf schmalem Pfad unterhalb des eindrucksvollen Burgbollwerks südwärts. Im Sommer reifen hier Mirabellen, Holunder und Himbeeren am Wegesrand heran. Etwas weiter südlich sind unter dichtem Gestrüpp die Reste der stillgelegten Bahntrasse erkennbar. Bis 1986, als Teile des Bahndamms infolge von Überschwemmungen fortgespült wurden, verkehrten hier noch Züge. Seitdem müssen die Altstadtbewohner von Wasserburg etwa 3 Kilometer nach Edling pilgern, um den Zug Richtung Rosenheim oder Mühldorf zu erwischen.

Angst vor Hochwasser Obwohl das Frühwarnsystem bezüglich eines drohenden Hochwassers heutzutage gut funktioniert, leben die Bewohner Wasserburgs während der Schneeschmelze und nach starken Niederschlägen nach wie vor in Angst und Schrecken. In kritischen Phasen misst

STADT DER MUSEEN

Wasserburg hat gleich vier Museen zu bieten:
Im Ersten Imaginären Museum der Welt für Malerei und Grafik sind über 500 Werke aus sämtlichen Epochen der abendländischen Malerei ausgestellt, darunter reproduzierte Werke von Monet, Picasso, Dürer, Hundertwasser und Spitzweg (Heilig-Geist-Spital, Bruckgasse 2, Tel.: 08071/4358, Di–So 13–17 Uhr).
Das Städtische Museum im Heimathaus beherbergt historische Relikte zu den Themen Stadt- und Familiengeschichte, Handwerk und Gewerbe sowie eine Sammlung bäuerlicher Wohnkultur (Herrengasse 15, Tel.: 08071/925290, 1. Mai bis 30. September Di–Fr 10–12 und 13–16 Uhr, Sa und So 11–16 Uhr, 1. Oktober bis 30. April Di–Fr 13–16 Uhr, Sa und So 13–15 Uhr).
Das Wegmachermuseum gibt einen Einblick in die Geschichte des Wege-, Straßen- und Brückenbaus in Bayern, also auch über die rote Innbrücke in Wasserburg (Herderstr. 1, Tel.: 08071/91850, Mo–Do 8–11.30 Uhr und 13–15 Uhr, Fr 8–11.30 Uhr).
Der Eintritt kostet für Erwachsene jeweils 1,50 Euro; das Wegmachermuseum und das Feuerwehr-Museum sind gratis. Letzteres kann jedoch nur nach telefonischer Anmeldung bei der Freiwilligen Feuerwehr Wasserburg besichtigt werden (Tel.: 08071/6400).

das Bayerische Landesamt für Wasserwirtschaft die aktuellen Pegelstände des Inns besonders akribisch. Sind an einem Messpegel bestimmte Hochwasserstände überschritten, treten flussabwärts zwangsläufig Überschwemmungen auf. Als Erstes trifft es vor allem Parkplätze und nahe am Fluss gelegene Campingplätze.
Insgesamt gibt es vier Meldestufen, die höchste liegt bei 550 Zentimeter. Doch schon bei einem 420 Zentimeter hohen Wasserpegel schrillen die ersten Alarmglocken. Dann treffen die Gemeinden erste Maßnahmen wie die Sperrung von Uferstraßen. In Wasserburg ist bereits bei einem Pegel von 450 Zentimeter unser Fußweg zwischen der Brücke und dem Stauwehr überflutet, ab 470 Zentimeter ist das Gesundheitsamt an der Reihe und bei 770 Zentimeter schwappt das Innwasser gar in die Altstadt.

Vom Innwerk nach Attel Eine wichtige Funktion nimmt das Innwerk südwestlich der Kapuzinerinsel ein, das wir von unserem Uferweg schon von weitem erkennen. Wenn der Fluss nicht gerade extremes Hochwasser führt, kann das Wehr durch Schließen einzelner Schleusen den Wasserfluss regulieren. Leider verwehrt die Innwerk AG den öffentlichen Zugang zum Stauwehr, sodass Wanderer und Jogger die Innseite hier nicht wechseln können. Doch die Wasserburger nehmen diese Sturheit gelassen. Richtung Attel geht es ohnehin am Westufer weiter, und zwar an einem schilfumsäumten Seitenarm des Inns. Der Flusslauf des Inns wird nun immer breiter und im Wehrbereich scheint er gar zum Stausee zu verwandeln.
Der Weg verläuft zumeist durch Wald und später am Rand der Atteler Auen stets in Nähe des Innufers. Hier wehrt sich ein Anwohner mit Erfolg dagegen, sein Grundstück für die Markierung des Inntalradwegs freizugeben. Unterhalb des Ortes Attel mündet der gleichnamige Fluss in den Inn.

Vom Innwerk flussaufwärts zweigt ein kleiner Seitenarm des Inns ab. Hier finden zahlreiche Vögel ihr Brutrevier.

Wir erreichen die B 15 und rechtshaltend auf Höhe des Fischerstüberls den Treppenweg nach Attel. Die sehenswerte Barockkirche der säkularisierten Benektinerabtei wurde 1715 nach dem Muster der Kirche St. Michael in München erbaut.

Von der Innbrücke zeigt sich die Altstadtfront von Wasserburg von ihrer schönsten Seite. Hinter dieser Fassade verbirgt sich die Schmidzeile.

Rückkehr nach Wasserburg

Wer sich den Rückweg sparen will, kann mit dem RVO-Bus 9416 zum Ausgangsort zurückfahren. Andernfalls wandern wir bis zur alten Pfarrkirche in Wasserburg zurück; dort geht es rechts durch die Schmidzeile und die Bruckgasse zur roten Innbrücke. Da der Inn an dieser Stelle sehr schmal ist, konnte man bereits 1338 mit dem Bau der Brücke beginnen. Auf diese Weise nahm der boomende Handel im Mittelalter seinen Lauf. Vor dem Bau der Innstaustufe 1932 wurde die Holzbrücke allerdings immer wieder durch Eisstöße zerstört.

Von der Brücke bieten sich übrigens hervorragende Fotomotive auf die Altstadt an, außerdem beginnt hier der Skulpturenweg: Uns fehlen noch die Objekte 1 bis 4, bevor wir an der uns bekannten Plastik wieder den Parkplatz erreichen.

11 IM MANGFALLTAL

Ein Wildbach mit Richtungswechsel

mittel | 16 km | 220 m | 4 Std.

Mangfallbrücke – Hohendilching – Mangfallknie – Kleinhöhenkirchen – Sonderdilching – Mangfallbrücke

CHARAKTER

Abwechslungsreiche Tour im und über dem Mangfalltal, zumeist auf breiten Forststraßen oder kleinen Teerstraßen. Der Uferbereich an der Maxlmühle ist bei großer Feuchtigkeit kaum passierbar, dann auf die Forststraße ausweichen.

AUSGANGS-/ENDPUNKT

Parkplatz am Landgasthof Bruckmühle

ANFAHRT

A 8 Salzburg, Ausfahrt Weyarn und vom Ort Richtung Valley 1 km in das Mangfalltal. Wer mit dem MVV anreist (S1 Kreuzstraße), beginnt die Tour nach 2 km Fußweg in Hohendilching (zusätzlich 0:45 Std.).

GEHZEITEN

Bruckmühle (Mangfallbrücke) – Maxlmühle 15 Min., Hohendilching 1 Std., Mangfallknie 30 Min., Kleinhöhenkirchen 30 Min., Sonderdilching 30 Min., Bruckmühle 1:15 Std.

WEGWEISER

Grüner Kreis bzw. grünes Dreieck, insgesamt jedoch schlecht markiert

KARTE

Kompass-Wanderkarte Nr. 7: Rosenheim – Bad Aibling, 1:50 000

EINKEHR

Landgasthof Bruckmühle, Tuffsteingarten mit altem Baumbestand, Mühltal bei Weyarn, Tel.: 08020/224, Mo und Di Ruhetag; Maxlmühle, Waldrestaurant mit Biergarten, Valley im Mangfalltal, Tel.: 08020/17 72, Mi und Do Ruhetag

INFORMATION

Keine

Nördlich der Mangfallbrücke legt die Mangfall erst einmal ein ordentliches Tempo vor.

Die Flüsse Oberbayerns fließen gewöhnlich von Süden zielstrebig der Donau entgegen. Nur die Mangfall hält sich nicht an dieses Naturgesetz und durchbricht am Mangfallknie die würmeiszeitliche Randmoräne, um 60 Kilometer östlich, bei Rosenheim, in den Inn zu münden. Zwischen Mangfallbrücke und -knie ist der wasserreiche Wildbach in ein enges, aber malerisches Schluchtkorsett gezwängt.

Imposante Mangfallbrücke Wer mit dem Auto auf der A 8 anreist, überquert das tief eingeschnittene Mangfalltal auf der 68 Meter hohen und über 300 Meter langen Mangfallbrücke. Vom Talboden aus – wenn wir vom Parkplatz kommend unter dem imposanten Bauwerk durchgehen – wirken die Dimensionen der Brücke noch beeindruckender. Allerdings haben der Brückenbau und die Rohrverlegung der Münchner Wasserwerke, die vorrangig die Trinkwasserversorgung der Großstadt im Sinn hatten, zu einer Austrocknung der kleinen Seitenbäche geführt. Ohne Wasser können sich jedoch die kleinen Tropfsteingebilde in den in diesem Bereich versteckt liegenden Höhlen nicht weiter entwickeln.

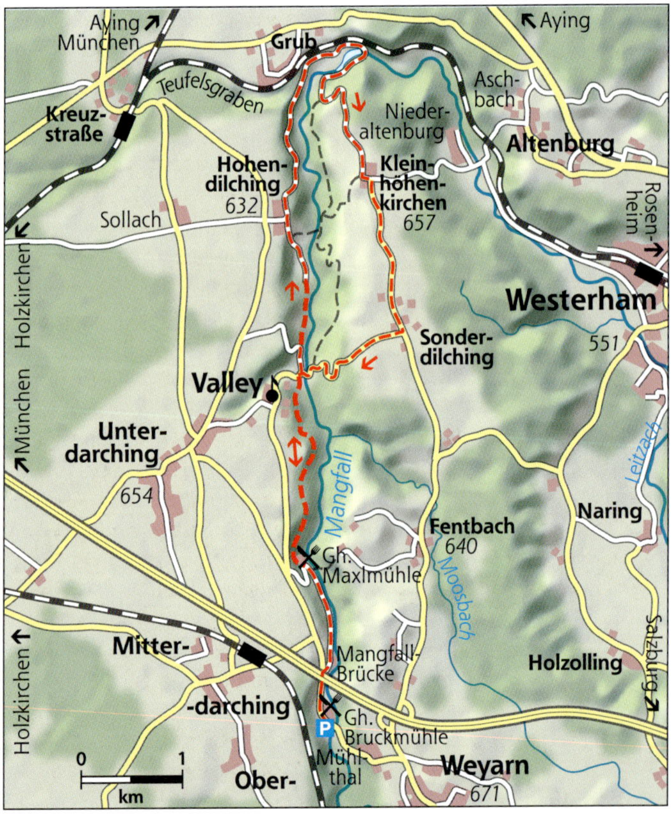

An zwei Stellen wird die Mangfall überquert: an der Brücke am Mangfallknie und – wie hier im Bild – unterhalb des Ortes Valley.

Hinter der Brücke zweigt der von den Münchner Wasserwerken im Mai 2003 festlich eingeweihte M-Wasserweg von der Straße ab, dem wir etwa 1 Kilometer weit am Mangfallufer flussabwärts bis zur Einkehr Maxlmühle folgen. Das Wasserkraftwerk der Maxlmühle ist heute zwar stillgelegt, jedoch noch zu besichtigen. Die zu einer glatten Sohlrampe umgebaute Wehranlage machte vor allem den Fischen zu schaffen, da sie an ihrer flussaufwärts orientierten Wanderung gehindert wurden.

Von der Maxlhütte nach Hohendilching Von der Maxlhütte wandern wir auf dem Kiesweg nur wenige Meter bergauf, um von der Weggabelung über die Wiese an der Wehranlage vorbei in das Dickicht des Mangfallufers zu tauchen. Mehrere Hangquellen bewässern die Uferpartien, in denen kleinflächig Eschen-Erlen-Wälder und Großseggen gedeihen. Der Pfad windet sich durch die dichte Botanik, über Wurzeln und Steine abwechslungsreich am Fluss entlang – der wildeste und schönste Wegabschnitt dieser Tour.
Später gibt es unmittelbar am Ufer kein Durchkommen mehr, sodass wir durch Mischwald leicht ansteigend auf einen breiten Forstweg gelangen. Dieser führt uns in leichtem Auf und Ab an zwei kleinen Waldweihern vorbei auf die von Valley herabkommende Teerstraße; hier kurz rechts und noch vor der kleinen Brücke wieder links in den Aumühler Weg. Die Route mündet in einen Wald- und Wiesensteig, nur vereinzelt lugt die Mangfall zwischen den Bäumen hindurch. Auf Höhe der Aumühle stoßen wir auf eine kleine Teerstraße, die uns steil durch Wald nach Hohendilching führt.

Rundtour am Mangfallknie Etwa 100 Meter hinter der Kirche folgen wir dem Wegweiser »Grub« und wandern zumeist am bewaldeten Hochufer der Mangfall entlang bis zu einem quer verlaufenden Kiesweg, der rechter Hand auf die Straße nach Grub zustrebt. Diese führt uns an der Bahnunterführung vorbei abwärts bis zur Brücke am Mangfallknie. Auf den Kiesbänken kann man schön rasten und von dort aus auch baden.
Jenseits der Brücke führt uns ein Teersträßchen an der Grubmühle vorbei und in Serpentinen wieder aus dem Mangfalltal hinaus. Über die Orte Kleinhöhenkirchen – sehenswert dort die Dorfkirche St. Maria – und Sonderdilching gelangen wir schließlich wieder abwärts zum Fluss. Hinter der Brücke erkennen wir die Straße nach Valley und unsere Route wieder, auf der wir zurück zum Ausgangsort wandern.

ENTSTEHUNG UND NUTZUNG DES MANGFALLTALS

Die Mangfall hat sich im Verlauf von Millionen von Jahren infolge der Eiszeit zwischen Gmund am Tegernsee und Bad Aibling tief in die Moränenlandschaft des bayerischen Hügellands eingegraben. Am »Mangfallknie« bei Grub verlagert sich der Flusslauf nach Südosten in das ehemalige Becken des nacheiszeitlichen Rosenheimer Sees.
Bereits im Mittelalter entdeckte man die Vorteile der Wasserkraftnutzung und verbaute den Fluss. Den Tegernsee als Speicher im Rücken, konnte man sich auf steten Wassernachschub verlassen. Später erfolgten weitere Flusskorrekturen für die Holztrift vom Tegernsee bis zur Saline nach Rosenheim. Ferner wurde in einem Überleitungssystem zum Seehamer See frisches Quellwasser aus Mangfall und Schlierach zum Pumpspeicherbetrieb der Stadtwerke München abgeleitet.
Die Stadt München bezieht heute mittels einer neuen Leitung aus dem Taubensteingebiet und mächtiger Stollen 80% ihres Trinkwassers – insgesamt täglich über 250 Mio. Liter aus dem Mangfalltal. Auf dem 82 Kilometer langen M-Wasserweg zwischen Gmund und München, der im Mai 2003 festlich eingeweiht wurde, erfährt der Wanderer mehr über die technische Nutzung, Funktion von Wassergewinnungsanlagen und Transportleitungen.
Die Kehrseite der effektiven Nutzung – der Eingriff in den natürlichen Fließverlauf der Mangfall – ist über die Jahrhunderte konstant geblieben: Wie überall, wo Flüsse von Menschenhand korrigiert werden, hat sich der Fischbestand bereits deutlich reduziert.

12 VON BAD WIESSEE NACH WILDBAD KREUTH

Die Drei-Bäche-Tour

leicht 16 km 320 m 3:45 Std.

Bad Wiessee – Schwarzentennalm – Wildbad Kreuth

CHARAKTER

Gemütliche Streckenwanderung auf überwiegend breiten Wegen durch drei verschiedene Bachtäler. Im Gegensatz zum überwiegend flachen Anstieg ist der Abstieg von der Schwarzentennalm in das hintere Tegernseer Tal etwas steiler.

AUSGANGSPUNKT

Bad Wiessee

ENDPUNKT

Wildbad Kreuth

ANFAHRT

Mit der BOB von München zum Bahnhof Gmund am Tegernsee und dort mit dem RVO-Bus weiter nach Bad Wiessee (Haltestelle Ortsteil Abwinkl). Autofahrer können bis zum großen Parkplatz am Eingang des Söllbachtals fahren.

RÜCKFAHRT

Von Wildbad Kreuth mit dem RVO-Bus nach Tegernsee, dort Anschluss zur BOB. Wer sein Auto in Bad Wiessee stehen hat, gelangt mit dem Bus über Rottach-Egern nach Bad Wiessee.

GEHZEITEN

Bad Wiessee (Abwinkl) – Söllbachklause 15 Min., Schwarzentennalm 2 Std., B 307 (Tegernseer Tal) 1 Std., Wildbad Kreuth 30 Min.

WEGWEISER

Im Söllbachtal bis zum so genannten Stinkergraben auf Wanderweg SK; der Weiterweg ist mit RB 3 bzw. RB markiert. Der Abschnitt am Weißachbach verläuft auf dem Wanderweg K 10.

KARTE

Kompass-Wanderkarte Nr. 8: Tegernsee/Schliersee mit Wendelstein, 1:50000

EINKEHR

Söllbachklause, Tel.: 08022/8930, geöffnet Mi–So 11–19 Uhr; Schwarzentennalm, Tel.: 08029/386, Mo und Di Ruhetag.

INFORMATION

Kuramt Bad Wiessee, Adrian-Stoop-Str. 20, 83704 Bad Wiessee, Tel.: 08022/86030, Fax: 08022/8603 30, E-Mail: info@bad-wiessee.de, Internet: www.bad-wiessee.de

Bad Wiessee verfügt über Deutschlands stärkste Jod-Schwefelquelle, weshalb der Ort seit Anfang des 20. Jh. stets mit seinem Kurheilbad in Verbindung gebracht wird und mit der Gesundheit recht gut lebt. Nicht schwefelhaltig, aber von absoluter Reinheit sind die drei Bäche, die auf unserer Wanderung nach Wildbad Kreuth wechselweise unsere Begleiter sind: Söllbach, Schwarzenbach und Weißachbach.

Von Bad Wiessee in das Söllbachtal Wer mit dem Bus anreist, steigt am besten bei der Station Kurpark Abwinkl in Bad Wiessee aus. Von der Hubertusstraße gelangt man über den Söllbachdammweg und die Söllbachtalstraße rasch zum Parkplatz am Eingang des Söllbachtals (Wanderweg WA 6).

Weiter geht es auf der Straße talein bis zur Söllbachklause. Schade, dass die schattige Einkehr so früh auf der Strecke liegt: Somit werden die meisten den kulinarischen Verlockungen wie Kartoffelrösti mit Schinken oder süßen Leckereien wie Blaubeer-Joghurt-Torte und Apfelstrudel mit Zimteis wohl widerstehen können.

Die Forststraße steigt auch nach der Söllbachklause nur leicht an; der rauschende Söllbach ist unser ständiger Begleiter. An manchen Stellen findet man Durchschlupf zu seinem steinigen Ufer; vereinzelt staut sich das klare Quellwasser in kleinen Gumpen, die zumindest für ein Fußbad taugen. In

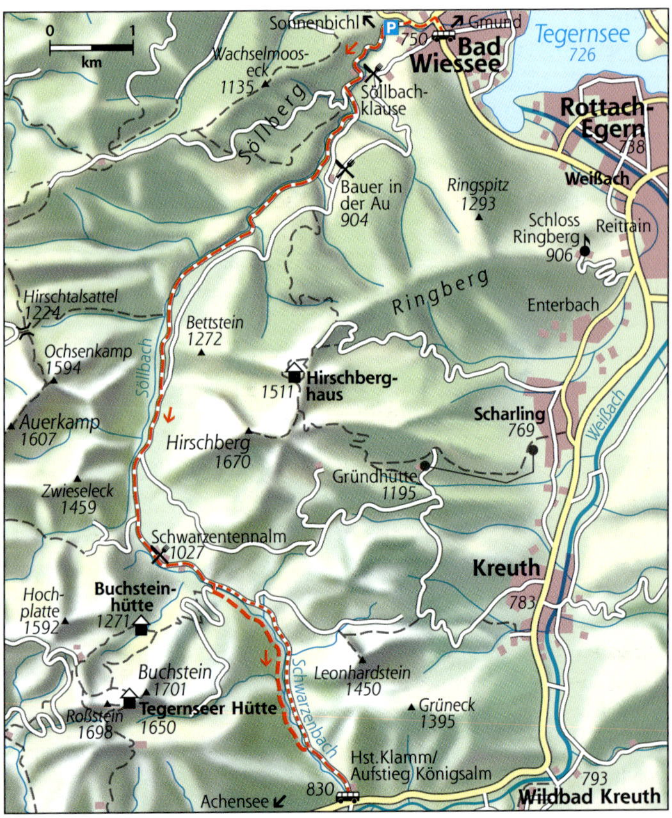

Bachnähe wuchern in Grün- und Gelbtönen leuchtende Farne und Knöterichgewächse mit bemerkenswert geformten Blättern, die zum Teil größer sind als Menschenhände. Besonders fotogen zeigen sich die Pflanzen im vereinzelt durchdringenden Sonnenlicht.

Nach Überwindung der kleinen Steilstufe im Söllbachtal dringen die ersten Sonnenstrahlen durch den Wald.

Eigentlich müsste der Söllbach nach Schwefel riechen, nachdem er von einem Seitenbach aus dem so genannten Stinkergraben gespeist wird. Dieser Name basiert auf einer Schwefelwasserquelle unterhalb des westlich gelegenen Hirschtalsattels, der auf dem mit »SK« bezeichneten Wanderweg erklommen werden kann. Die Quelle ist jedoch so gut wie erloschen. Wir wandern weiter talein und ignorieren die Abzweigungen zum Hirschtalsattel und Bauer in der Au. Nach einer kurzen Steilpassage ändert sich der Landschaftscharakter abrupt: Auf einmal fließt der Söllbach nicht mehr durch den engen Taleinschnitt, sondern durch die weitläufigen Almwiesen eines malerischen Hochtals. Im Süden stehen Roß- und Buchstein, dessen charakteristische Felsgipfel das hintere Tegernseer Tal prägen. In der Einsattelung zwischen den beiden Gipfeln liegt etwas luftig die Tegernseer Hütte, umgeben von beliebten Kletterrouten. Auf der anderen Talseite ist der Leonhardistein erkennbar, der von der Kreuther Seite jedoch weitaus

Diese gut gelaunte Wandergruppe strebt unaufhaltsam der Schwarzentennalm zu.

An der gemütlichen Schwarzentennalm ist erst einmal Brotzeit angesagt. Anschließend machen wir uns an den Abstieg.

imposanter wirkt. Der Gipfel des Hirschbergs hingegen versteckt sich in östlicher Richtung hinter dem aufstrebenden Waldgürtel.

Schön gelegene Schwarzentennalm Bald taucht die »Schwarze Tenn« mit vielen Kühen und Hühnern auf. Nichts spricht gegen eine Einkehr in der gemütlichen Alm, zumal sie fast komplett von einer Terrasse umgeben ist und wir also je nach Gemütsverfassung einen Sonnen- oder Schattenplatz ergattern können. Für Leute mit Kinderwagen ist dies ohnehin Zielpunkt der Wanderung, da sich der folgende Weg dafür nicht mehr anbietet. Die Alm liegt übrigens nicht nur im Quellgebiet des Söllbachs, sondern auch des ins hintere Tegernseer Tal abfließenden Schwarzbachs – unser neuer Begleiter.

Wir folgen dem jungen Bachlauf in südöstliche Richtung. An der Stelle, an der der Fahrweg zur Buchstein-Hütte abzweigt, wechseln wir die Bachseite, passieren einen kleinen Wasserfall und wandern den Waldsteig in Sicht- und Hörweite des Bachs abwärts. Alternativ könnte man den breiteren Fahrweg auf der anderen Bachseite für den Abstieg wählen, doch diese Variante ist weniger attraktiv und kreuzt zudem die Abfahrtsstrecke der an schönen Wochenenden zahlreich zu Tale preschenden Biker.

Im unteren Abschnitt kehren wir ohnehin wieder auf den Fahrweg zurück und bewältigen somit die letzten Meter bis zur Winterstube im Tal. Dort überqueren wir die Bundesstraße B 307 und auf einer Brücke mit dem Weißachbach unseren dritten großen Bach. Abwechslungsreich führt der bequeme Weg in kleinen Auf und Abs bis zu einer weiteren Brücke nach Wildbad Kreuth, über die wir zur Bushaltestelle gelangen. Die Busse fahren in der Regel alle 1–2 Stunden.

PFERDEKUTSCHFAHRTEN

Bei Alt und Jung immer wieder gefragt sind Pferdekutschfahrten. Eine Route führt von der Seepromenade Bad Wiessees durch das Söllbachtal zum »Bauer in der Au«; nach einstündiger Einkehr geht es zurück ins Tegernseer Tal. Auch die Fahrt durch das Söllbachtal zur Schwarzentennalm steht auf dem Programm. Insgesamt ist man rund drei Stunden unterwegs.
Kutschbetrieb Harald Zischg, Hirschbergstr. 8, Tel.: 08022/81096

Nach der Wanderung lockt eine Bootsfahrt auf dem Tegernsee ...

Baden am Tegernsee? Nachdem es sich in den Bergbächen nicht so gut baden lässt, lockt an heißen Sommertagen der kühle Tegernsee als angenehme Erfrischung. Das See- und Warmbad Rottach-Egern ermöglicht direkten Zugang zum See, in den man sich jenseits des Nichtschwimmerbereichs sogar vom Sprungbrett stürzen kann. Außerdem bietet die schöne Badeanlage u.a. Whirlpool, Wasserrutsche, Strömungskanal und ein Kinderschwimmbecken mit 33°C Wassertemperatur (Nördliche Hauptstraße 35, Tel.: 08022/92890, Mai und September täglich 9–19 Uhr, Juni bis August 8–20 Uhr, Eintritt: Tageskarte Erwachsene 7,50 Euro, Kinder 7–15 Jahre 4,- Euro; auch günstigere Stundentickets).

... oder doch eher eine Abkühlung im Freibad von Rottach-Egern?

Wer hingegen mehr auf finnische Saunen oder Familiendampfbad steht, kann den BadePark in Bad Wiessee besuchen. Im Außenbereich erfreuen eine 61 Meter lange Wasserrutsche, ein Sprudelbecken, ein Spiel- und Plantschbecken sowie ein Kneipp'sches Tretbecken (Wilhelminastr. 2, Tel.: 08022/86260, täglich 9–21 Uhr, Eintritt Erwachsene bis 1:30 Std. 6,- Euro, bis 2:30 Std. 9,- Euro, Kinder ab 6 Jahren 4,50 bzw. 6,50 Euro).

13 WEISSACHTAL UND WOLFSSCHLUCHT

Wildwasser und Bergromantik

mittel | 9 km | 400 m | 2:45 Std.

Wildbad Kreuth – Siebenhütten – Wolfsschlucht – Wildbad Kreuth

CHARAKTER

Bis zu den Siebenhütten einfache und kurze Wanderung (bis hierher auch mit dem Kinderwagen), dann beginnt der Anstieg in die Wolfsschlucht. Dort sind je nach Erkundungsgeist Schwindelfreiheit und Trittsicherheit erforderlich.

AUSGANGS-/ENDPUNKT

Wildbad Kreuth

ANFAHRT

Mit der BOB von München zum Bahnhof Tegernsee und dort in den RVO-Bus umsteigen (Haltestelle Wildbad Kreuth). Mit dem Auto über den Tegernsee auf der B 307 nach Wildbad Kreuth (großer Parkplatz auf der linken Seite).

GEHZEITEN

Wildbad Kreuth – Siebenhütten 30 Min., Wolfsschlucht 1 Std., Siebenhütten 45 Min., Wildbad Kreuth 30 Min.

WEGWEISER

K 8 Kiem-Pauli Weg, außerdem Wegweiser Wolfsschlucht

KARTE

Kompass-Wanderkarte Nr. 8: Tegernsee/Schliersee mit Wendelstein, 1:50 000

EINKEHR

Siebenhütten, Brotzeitstation an der Hofbauernweißach mit kleinem Biergarten, Dienstag Ruhetag

INFORMATION

Tegernseer-Tal-Tourismus, Rathausplatz 1, 83684 Tegernsee, Tel.: 08022/927 38 11, Fax: 08022/927 38 22, E-Mail: info@tegernsee-tourismus.de, Internet: www.tegernsee-tourismus.de

In der Wolfsschlucht gibt es viele kleine Wasserfälle.

Die romantische Wolfsschlucht bei Wildbad Kreuth ist eines der reizvollsten Wanderziele in den bayerischen Voralpen. Geübte Wanderer bewältigen sie im Aufstieg zum Blauberggrat, um von dort über den Schildenstein oder die Halserspitze ins Tal zurückzukehren. Wir sehen uns die Schlucht von unten an und erleben die wilde Felsweißach in ihrem tosenden Element.

Waldtiere im Weißachtal Bevor der Mensch das Weißachtal mehr und mehr unter Beschlag nahm, besetzten Wölfe dieses Revier. Zusammen mit den Bären fanden sie in der entlegenen Schlucht ein ideales Rückzuggebiet. Heute bewohnen andere Waldtiere wie Luchs, Rotwild, Gams und Reh die Schlucht. Doch die scheuen Tiere ziehen sich meist in die höheren Bergregionen zurück und laufen einem am ehesten an einem

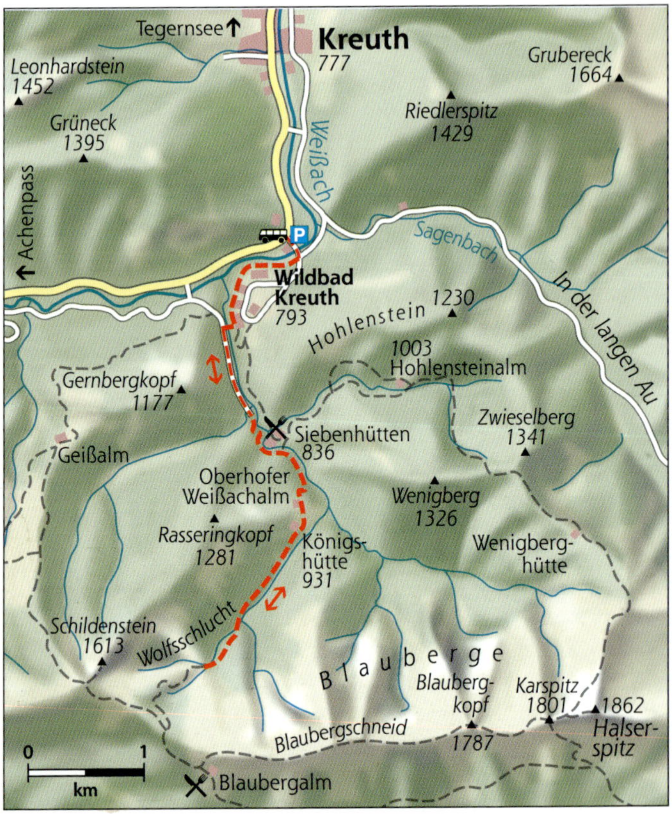

Regentag oder in der Dämmerung über den Weg.

Von Wildbad Kreuth zu den Siebenhütten Ausgangsort für den Abstecher in die Wolfsschlucht ist der große Ausflugsparkplatz in Wildbad Kreuth. Dort überqueren wir den reißenden Weißachbach und wandern rechts durch schönen Wald bequem auf dem gepflegten Weg in Bachnähe stromaufwärts. Bald wendet sich der Weg nach Süden und erreicht eine weitere Brücke.

An dieser Brücke stoßen wir auf den Zulieferbach der Weißach: die Hofbauernweißach. Obwohl dieser Bach nur wenige Kilometer entfernt unterhalb der Halserspitze entspringt, führt er auch im Sommer reichlich Wasser. Gespeist wird dieser Bach wiederum von zahlreichen Quellbächen aus den nördlich ausgerichteten Seitentälern der Blauberge – einer davon ist die Felsweißach aus dem Tal der Wolfsschlucht.
Jenseits der Brücke führt ein Fahrweg stets am Bach entlang direkt auf die Blauberge zu. Es dauert nicht lange und die Siebenhüttenalm taucht auf. Die an heißen Sommertagen stark frequentierte Brotzeitstation liegt sehr schön zwischen Bachufer und Schatten spendenden Bäumen. Viele Wanderer suchen sich nach dem Zwischenstopp im kleinen Biergarten ein gemütliches Plätzchen im breiten Kiesbett und baden zumindest ihre Füße im eiskalten Wasser.

Von den Siebenhütten in die Wolfsschlucht Hinter der Alm entfernt sich unser Weg vom Bach und führt nun steiler ansteigend durch Wald in das Tal der Felsweißach, die unmittelbar in den Steilwänden der Wolfsschlucht entspringt. Im Talboden geht der breite Weg in einen abwechslungsreichen Steig über; mit Erreichen der Steilwände bewegen wir uns direkt im engen Bachbett fort. Bei hohem Wasserstand muss der Bach mehrmals übersprungen werden.
Am Einstieg in die Wolfsschlucht stürzt uns der Bach als Wasserfall geräuschvoll entgegen. An dieser Stelle sind wir gleich von drei Seiten von der imposanten Felskulisse eingekesselt. Wer schwindelfrei ist, kann den teilweise mit Drahtseilen gesicherten Steig noch ein Stück weit emporkraxeln und auf diese Weise einen Blick auf den Wasserfall in der kleinen Wolfsschlucht werfen.
Auf dem Rückweg passieren wir die Siebenhüttenalm und wandern auf der gegenüberliegenden Bachseite nach Wildbad Kreuth. An der unteren Bachbrücke stößt dieser Weg wieder auf unsere Anstiegsroute.

HEIMATFILM UND ROMANTIK

Im Oktober 2003 fand am Tegernsee das erste internationale Bergfilm-Festival mit schaurig-schönen Heimatfilmen statt. Eigentlich hätten die Filmproduzenten auch die nur wenige Kilometer entfernte Wolfsschlucht als Drehbühne verwenden können. Denn hier bilden rauschende Bäche, steiler Bergwald und wilde Felsabgründe die ideale Kulisse für Heldenmythos, Intrige und unerfüllte Liebe.
In unserem Freundeskreis kursiert die folgende Legende: Ein heiratswilliger junger Mann schaffte in München bezüglich Frauen einfach nicht den Durchbruch. Also brach er mit seinen neuen Bekanntschaften regelmäßig in die romantische Wolfsschlucht auf, um seiner potenziellen Liebe dort näher zu kommen. Bei diversen Treffen musste er sich folglich immer die Frage gefallen lassen: »Na, warst du wieder in der Wolfsschlucht?« Irgendetwas lief in der Schlucht wohl schief: Schließlich lernte er seine Traumfrau ganz unromantisch in einem Münchner Billardsalon kennen.

Schuhe ausziehen und ab durch den Bach: Weißachquerung bei den Siebenhütten.

Die Wolfsschlucht ist ein durchweg spritziges Vergnügen.

14 AM ACHENSEE ENTLANG
Der Mariensteig

mittel | 7 km | 140 m | 2:30 Std.

Pertisau – Gaisalm – Scholastika

CHARAKTER
In Pertisau beginnt ein breiter Uferweg, der nach etwa 30 Min. Gehzeit in einen schmalen Steig übergeht, der sich in permanentem Auf und Ab oberhalb des steil abfallenden Ufers am See entlangschlängelt. Die letzten 20 Min. bis zum Schiffsanleger in Scholastika auf breitem und flachem Wanderweg.

AUSGANGSPUNKT
Schiffsanleger Pertisau

ENDPUNKT
Schiffsanleger Scholastika

ANFAHRT
Stündliche Bahnverbindung auf der Strecke Rosenheim–Innsbruck. In Jenbach auf die Zahnradbahn (Achenseebahn) nach Seespitz am Achensee umsteigen oder den Postbus nehmen. Mit dem Auto über Tegernsee oder Bad Tölz zum Achenpass und weiter nach Pertisau. Beim Schiffsanleger großer Parkplatz.

RÜCKFAHRT
Von Scholastika mehrmals täglich Boote der Achenseeschifffahrt zurück nach Pertisau bzw. Seespitz mit Anschluss an die Achenseebahn. Fahrplan-Infos: www.tirol-schiffahrt.at oder unter Tel.: 0043/5243/5253.

GEHZEITEN
Pertisau – Gaisalm 1 Std., Scholastika 1:30 Std.

KARTE
Kompass-Wanderkarte Nr. 182: Isarwinkel, 1:50 000

SPEZIELLE HINWEISE
Für die Wanderung ist gutes Schuhwerk sowie Trittsicherheit erforderlich.

EINKEHR
Gaisalm, Tel.: 0043/5243/5542, täglich warme und kalte Gerichte, sowie in Pertisau und Scholastika

INFORMATION
Achensee-Tourismus, Rathaus,
A-6215 Achensee, Tel.: 0043/5246/5300,
Fax: 0043/5246/5333,
E-Mail: info@achensee.tirol.at,
Internet: www.achensee.com

Der Achensee gilt als einer der schönsten Alpenseen Tirols. Das in der Sonne hellgrün schimmernde Wasser steht im Kontrast zu den dunklen Fichtenwäldern, die stellenweise bis ans Ufer heranreichen.

Der Achensee Der aus zahlreichen Gebirgsbächen gespeiste Achensee erstreckt sich auf 9 Kilometer Länge von Norden nach Süden; die breiteste

Stelle misst etwa 1000 Meter. Durch einen unterirdischen Abfluss wird das Wasser des Achensees nach Jenbach abgeleitet, um dort die Turbinen zur Stromerzeugung anzutreiben.

Von Pertisau zur Gaisalm Das östliche Ufer des Achensees ist stark durch die parallel dazu verlaufende Bundesstraße geprägt; auf der Westseite hingegen können wir unbeeinträchtigt vom Autoverkehr den See genießen. Vom Schiffsanleger in Pertisau führt der Uferweg am Strandbad vorbei in Richtung Gaisalm. Nach etwa 1,5 Kilometer wird es langsam eng zwischen dem Wasser auf der einen und den Felsen auf der anderen Seite. Der Weg steigt leicht an und führt dann etwas oberhalb des Ufers durch das felsige Gelände. Auf halber Strecke erreichen wir die bewirtschaftete Gaisalm, die auch von den Achenseeschiffen angefahren wird. Da wir unterwegs meist auf Unebenheiten im Weg achten mussten, können wir die Pause jetzt nutzen, um in Ruhe das gegenüberliegende Rofangebirge zu betrachten. Für Kinder gibt es einen schönen Spielplatz. Nach den Ziegen, die in Tirol Geißen heißen, werden sie jedoch vergeblich Ausschau halten. Die Tiere, von denen die Gaisalm ihren Namen hat, weiden schon seit langem nicht mehr hier.

Rückfahrt mit dem Achenseeschiff Anschließend müssen wir über etliche Treppenstufen auf einen Felsvorsprung hinaufsteigen; von dort führt dann ein stellenweise in das Gestein gehauener schmaler Steig in Schwindel erregender Höhe über dem Ufer bis ans nördliche Ende des Achensees. Wir umrunden die Seespitze auf einem breiten Wanderweg. Im Bereich des Campingplatzes kommen wir an etlichen Kunstwerken vorbei, die thematisch mit dem See oder den Bergen verbunden sind.
Auf den grünen Wiesen direkt am Achensee bietet es sich an, ein Sonnenbad zu nehmen, ein Picknick abzuhalten oder ein Boot zu mieten. Zudem gibt es hier mehrere Einkehrmöglichkeiten vom Kiosk bis zum Restaurant. Vom Badegelände ist es nun nicht mehr weit zum Schiffsanleger in Scholastika, an dem die Wanderung endet. Von dort können wir mit dem Achenseeschiff an unseren Ausgangspunkt zurückfahren, wobei wir unterwegs wieder an der Gaisalm vorbeikommen und so den Wanderweg in den Felsen vom Schiff aus noch einmal sehen können.

DAS TIROLER STEINÖL

Im so genannten Ölstein (Dirschenitschiefer) sind Reste vorzeitlicher Meerestiere und Pflanzen gebunden. Gleichzeitig verfügt dieser Stein über einen hohen Gehalt an natürlichem Schwefel. Über ein thermisches Verfahren wird daraus das Tiroler Steinöl gewonnen, dem heilende Kräfte zugesprochen werden. Etwa auf halber Strecke zwischen Pertisau und der Gaisalm führt linker Hand ein Weg hinauf zu einem Schaubergwerk, in dem der Ölstein vorkommt. Die Öffnungszeiten sind beim Achensee Tourismus unter Tel.: 0043/5246/53 00 zu erfahren.

Im Bereich der Gaisalm ist sogar ein Bad im Achensee möglich.

Linke Seite: Rast an der Gaisalm

IM ACHENSEE BADEN

Sowohl in Pertisau als auch in Scholastika gibt es einen öffentlichen Badestrand. Unterwegs ist Baden nur im Bereich nördlich der Gaisalm möglich.

15 VON KLOSTER REUTBERG ZU ZWEI SEEN

Moorbad mit Klosterblick

mittel | 14 km | 30 m | 3:30 Std.

Reutberg – Kirchsee – Hackensee – Reutberg

CHARAKTER

Reizvolle Wanderung auf schönen Waldwegen und an den Ufern zweier Moorseen. Zwischen Pelletsmühl und Hackensee ist gute Orientierung gefragt.

AUSGANGS-/ENDPUNKT

Kloster Reutberg

ANFAHRT

A 8 Salzburg, Ausfahrt Holzkirchen, weiter auf der B 13 nach Sachsenkamm, dort Abzweig nach Reutberg (1 km). Mit dem MVV nach Holzkirchen (S 2), am Bahnhof Anschluss mit dem RVO-Bus nach Reutberg.

GEHZEITEN

Kloster Reutberg – Westende Kirchsee 40 Min., Kögelsberg 40 Min., Pelletsmühl 20 Min., Hackensee 20 Min., Reutberg 1:30 Std.

WEGWEISER

Nur vereinzelt; Strecke zwischen Pelletsmühl und Hackensee gar nicht markiert

KARTE

Kompass-Wanderkarte Nr. 180: Starnberger-/Ammersee, 1:50000

EINKEHR

Klosterbräustüberl Reutberg, Am Reutberg 2, Sachsenkam, Tel.: 08021/8686, täglich geöffnet. Zur Wahl stehen außerdem die Klosterstube und der Biergarten.

Wolken spiegeln sich im Hackensee.

Oben: Die schönsten Badestellen finden sich am südwestlichen Kirchseeufer.

Ein Bad in einem Moorsee ist nicht jedermanns Sache, sieht man doch ob des dunklen Wassers kaum bis zum Grund. Doch wer im Angesicht des Klosters Reutberg Schlingpflanzen an seinem Körper spürt, nimmt den kleinen Nervenkitzel eher in Kauf. Noch unheimlicher wirkt der tief in einem Waldbecken gelegene Hackensee, den wir im Tal des Kirchseebachs erreichen.

Zu Besuch im Kloster Reutberg Das Kloster Reutberg liegt, umgeben von sanften Wiesen, auf einer kleinen Anhöhe. Vom Feinsten ist das süffige Klosterbier, das an heißen Tagen auf der aussichtsreichen Terrasse am besten schmeckt. Die mittlerweile 311-jährige Brautradition soll auch in Zukunft nicht gebrochen werden, nachdem der edle Gerstensaft heute ebenso gut ankommt wie seinerzeit bei den Mönchen und sogar Nonnen. Als im Jahr 1901 der vorläufige Beschluss der Franziskanerinnen, den Braubetrieb aufzugeben, publik gemacht wurde, war das Entsetzen beim Volk so groß, dass sogar mit dem Abbrennen des Klosters gedroht wurde. Erst auf ein Bittgesuch des damaligen Pfarrers wurde dieser Beschluss zurückgenommen, und es kehrte wieder Ruhe und Frieden ein.
Das Kloster selbst ist der Öffentlichkeit heute zwar nicht zugänglich, doch einen Blick in die 1733 errichtete barocke Klosterkirche zu werfen, lohnt sich allemal. Viel Raum nimmt die Vorhalle mit dem darüber liegenden Nonnenchor ein. In der kleinen Loretokapelle ist über dem Triumphbogen ein Fresko mit der Loretolegende zu bewundern. Die Muttergottes von Loreto ist von zwei Engeln umgeben.

Am westlichen Kirchseeufer Parkplätze finden sich unterhalb des Klosters zur Genüge, sodass wir auf die Parkgebühren von 2,50 Euro pro Fahrzeug am Kirchsee getrost verzichten können. Etwa 200 Meter nördlich zweigt links die Fahrstraße zum Kirchsee ab, den wir nach gut 1 Kilometer erreichen. Ein Kiosk hält bei Schönwetter Imbiss und Getränke bereit; dahinter führen Kieswege an das Seeufer mit Liegewiesen und Badesteg. Hier machen es sich oft Hunderte von Sonnen- und Badegäste bequem. Für Kinder ist das extrem flache Seeufer geradezu ideal.

Wer den Rummel scheut, findet weiter westlich schönere Badenischen. Der Uferweg – nun für Pkw gesperrt – führt angenehm schattig durch Wald immer tiefer in das Naturschutzgebiet Elbach-Kirchseemoor hinein. Am gegenüberliegenden Ufer, das nicht betreten werden darf, sehen wir im Hintergrund die Klosterkirche und weiter rechts die aufstrebenden Tölzer und Lenggrieser Berge. Vom westlichen Seeende überblicken wir den dunklen See mit der angrenzenden Filzlandschaft, die Überbleibsel der Gletscher von der letzten Eiszeit vor 20000 Jahren. Das Moor wächst durch absterbendes Pflanzengut um immerhin 1 Millimeter pro Jahr; auch die Wasserqualität ist durch den Bachzu- und -ablauf von bester Qualität. Vögel, Fische und auch Schlangen finden hier den idealen Lebensraum. In dieser Seeidylle schwimmen einzelne Genießer bis an den Schilfrand und Seerosengürtel am Südende heran.

Vom Kirchsee zum Hackensee Nach diesem Abstecher machen wir kehrt und biegen auf Höhe des hölzernen Kassenhäuschens nach links in einen Waldweg (Wegweiser Dietramszell), der uns in einer kleinen Schleife am äußeren Rand des Kirchbachmoors auf die Fahrstraße führt. Dort halten wir uns wenige Meter in nördliche Richtung und nehmen an einem Weiher den steilen Zufahrtsweg zum Kögelsberg. Dieses schön gelegene Gehöft, das frischen Honig verkauft, durchwandern wir in einer S-Kurve und gelangen über ein offenes Feld und durch Wald zum Kirchseebach zurück. Auf Höhe des Gehöftes Pelletsmühl, an dessen Westfront ein Wasserrad vom Wasser des Kirchseebachs angetrieben wird, stoßen wir auf eine Fahrstraße; hier geht es ein Stück weit links bergan.

Blick in das trübe Moorwasser: Ob die Fischjagd erfolgreich ist?

Das Kloster Reutberg steht erhaben über dem Kirchseemoor und ist somit schon von weitem zu sehen.

Achtung: Kurz nach Erreichen der Waldzone zweigt nach rechts ein kleiner Pfad ab, der von der Straße im Dickicht der Baumäste kaum auszumachen ist. Ein gelbes, an einem Baum befestigtes Tollwutwarnschild leistet hier wichtige Orientierungshilfe. Der anfangs schmale Pfad wird in der Folge breiter und stößt auf eine T-Kreuzung, an der wir uns links halten. Wir erreichen einen kleinen Weiher und ein Sumpfgebiet. Ein Schild warnt: »Betreten auf eigene Gefahr«. Tatsächlich ist der Durchschlupf durch den Schilfgürtel bei feuchten Bedingungen ein ziemlich glitschiges Unterfangen.

An einer weiteren T-Kreuzung halten wir uns wiederum links und stoßen ganz unvermittelt auf den in einer tiefen Waldsenke versteckt gelegenen Hackensee, der – wenn auch kaum ersichtlich – vom Wasser des Kirchseebachs gespeist wird. In grauer Vorzeit floss das Wasser der so genannten Ur-Isar gar über das Kirchseetal und den Hackensee hinaus zum Teufelsgraben und durch das Mangfalltal in die Isar.

Ein Rundweg führt um den See herum, ein Bad ist am besten vom Badesteg aus zu nehmen. Wenn sich hier dunkle Wolken zusammenbrauen, wirkt der See weit unheimlicher als sein großer Bruder, der Kirchsee. Zudem soll nicht unerwähnt bleiben, dass sich in diesem Feuchtbiotop manchmal Schwärme von lästigen Stechmücken tummeln. Zum Ausgleich bietet er vor allem unter der Woche eine wohltuende Ruhe und – ganz nebenbei – perfekte Fotomotive für jeden Hobbyfotografen, der gerne Natur pur aufnimmt.

Nach der Seeumrundung gelangen wir auf demselben Weg wieder zum Ausgangsort Kloster Reutberg zurück.

BRAUCHTUM IM TÖLZER LAND

Alljährlich am 6. November findet in Bad Tölz die Leonardifahrt statt, die wohl schönste und größte ganz Bayerns. Die Zugfolge der prächtigen Pferdegespanne wird mittels Los entschieden. Pünktlich mit dem ersten Glockenschlag um 9 Uhr setzen sich die aufwändig geschmückten Tafel- und Truhenwagen in Bewegung und nehmen Kurs auf die Leonhardikapelle am Tölzer Kalvarienberg.
Weiter erwähnenswert sind die Leonardifahrten in Benediktbeuern im November und in Dietramszell im Juli, der Georgiritt in Ascholding am Ostermontag sowie die Fronleichnamsprozession in Lenggries.

Selbst bei Minusgraden im Winter lassen sich einige Unentwegte auf der Terrasse des Reutberger Klosterstüberls nieder.

16 DURCH DAS LAINBACHTAL

Am Tag, als die Sintflut kam

leicht | 12 km | 250 m | 3 Std.

Benediktbeuern – Lainbachtal – Benediktbeuern

CHARAKTER

Gemütliche Wanderung auf einem Forstweg im Lainbachtal, das sich in lang gezogenen Kurven in Richtung Benediktenwand hochzieht. Wer mit dem Zug anreist, durchwandert zusätzlich den alten Ortskern von Benediktbeuern.

AUSGANGS-/ENDPUNKT

Benediktbeuern (Ortsteil Gschwendt)

ANFAHRT

A 95 Garmisch, Ausfahrt Sindelsdorf, weiter auf der Bundesstraße nach Benediktbeuern und zum Wanderparkplatz in Gschwendt; möglich ist auch die Strecke auf der B 11 über Wolfratshausen und Königsdorf. Mit der Bahn von Tutzing stündlich Richtung Kochel am See, Bahnhof Benediktbeuern.

GEHZEITEN

Bahnhof Benediktbeuern – Wanderparkplatz Lainbachtal 30 Min., Wendepunkt oberhalb der Söldner Alm 1:10 Std., Wanderparkplatz 50 Min., Bahnhof Benediktbeuern 30 Min.

WEGWEISER

AV-Weg BE 456

KARTE

Kompass-Wanderkarte Nr. 182: Isarwinkel, 1:50000

EINKEHR

Mehrere Einkehrmöglichkeiten in Benediktbeuern, im Lainbachtal keine

INFORMATION

Verkehrsamt Benediktbeuern, Prälatenstr. 3, 83671 Benediktbeuern, Tel.: 08857/248, Fax: 08857/9470, E-Mail: vamt@benediktbeuern.de, Internet: www.benediktbeuern.de

Oben: Klassenausflug: Jugendliche überqueren eine Brücke im Lainbachtal.

An diesem Tag führt der Lainbach nur wenig Wasser.

An einem heißen Junitag im Jahr 1990 verdunkelte sich der Himmel über der Benediktenwand dramatisch und schickte in nur einer Stunde über 100 Liter Regen pro Quadratmeter zur Erde hinab. Der Lainbach mutierte vom friedvollen Gebirgsbach zum reißenden Strom und hinterließ ein Szenario der Verwüstung. Seitdem wurden allerhand Vorsichtsmaßnahmen ergriffen, damit sich ein solches Unglück nicht wiederholt. Der Wanderer kann sich auf dem Lehrpfad im Lainbachtal ein Bild von diesen Maßnahmen machen. Die größten Schäden verursachen die abnormen Holzmengen, die im Verlauf eines solchen Unwetters mit zu Tal gerissen werden. Um das Holz zu stoppen, wurde am Ausgang des Lainbachtals ein 32 Stahlrohre umfassender Treibholzrechen errichtet. Weiter oben erfüllen Holz- und Dosiersperren dieselbe Funktion. Im unwegsamen Gelände hat man feine Drahtschottersperren verankert, um die Gesteinsmassen so weit wie möglich aufzuhalten. Der Lainbach wird von zahlreichen Nebenbächen gespeist, die bei starkem Regen Unmengen an Kies zu Tale schwemmen. Zudem drohen vor allem die mit Quarz angereicherten Hänge abzurutschen, weil dieses Gestein den Rutscheffekt noch erhöht.

Von Benediktbeuern in das Lainbachtal Bevor es in das Lainbachtal geht, wandern die Bahnreisenden vom Bahnhof die Bahnhofstraße ostwärts, überqueren die B 11 und gelangen auf der Dorfstraße in den alten Ortskern. Hier sind die Balkone und Fenster der Anwesen als Zeichen bäuerlicher Landkultur reichlich mit Blumen geschmückt. Von der Dorfstraße zweigt links der Mariabrunnweg ab, der uns über Wiesen und Felder direkt zum Wanderparkplatz am Eingang des Lainbachtals führt.

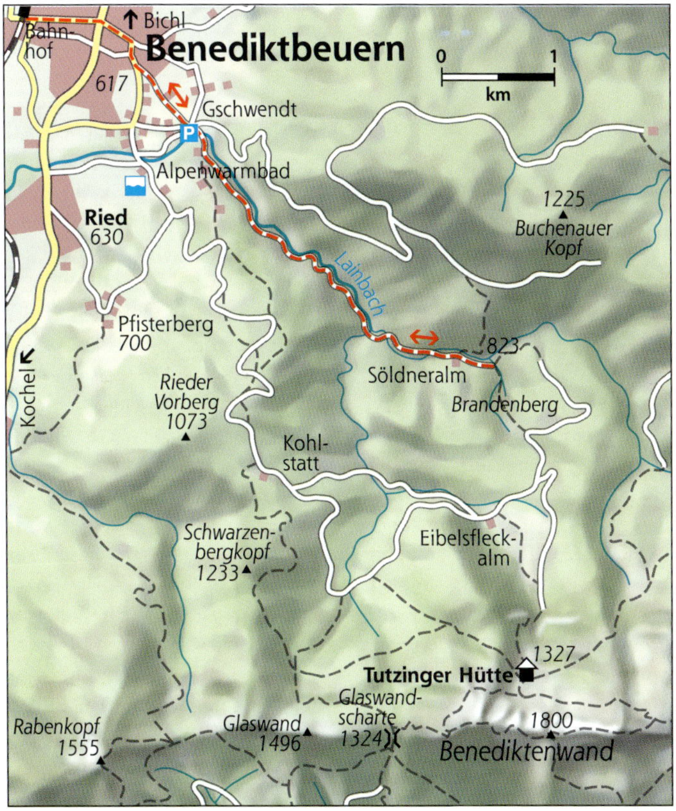

KLOSTER BENEDIKTBEUERN

Das Kloster Benediktbeuern, das mit seinem stattlichen Gebäudekomplex an ein Schloss erinnert, ist eines der ältesten Klöster in Bayern. Nicht zu verachten ist auch die herrliche landschaftliche Umgebung. Der übliche Rundgang führt durch den Kreuzgang zu Basilika und Kapelle (direkt am Bahnhof, geöffnet Mo–Sa 8–17 Uhr, So 9–17 Uhr, Eintritt Erwachsene 3,- Euro, Kinder bis 14 Jahre frei).

Um welchen Schmetterling es sich hier handelt, ist dem Naturlehrpfad nicht zu entnehmen.

Aufschlussreicher Lehrpfad Im Lainbachtal wandern wir stets am Bach entlang moderat ansteigend an den zehn Informationstafeln des Lehrpfads vorbei bis zur Söldner Alm. Dabei erfährt der Wanderer allerhand Wissenswertes auch über die Flora und Fauna in der Wildbachregion. Fische haben im Söllbach keine Chance – dafür ist die Strömung zu stark; als Hindernis würden sich auch die künstlichen Barrieren erweisen. Dafür fühlen sich im kühlen Bachbett Tiere wie der Hakenkäfer und – zum Bedauern mancher – auch die Mückenlarve wohl.

Für die Brotzeit am Bach bieten sich zwei schöne Plätze an: entweder unterhalb der Alm im Kiesbett an der Holzbrücke oder etwas oberhalb in Richtung Tutzinger Hütte an einer weiteren Brücke, die zur Überbrückung eines Seitenbachs gebaut wurde. Die Alpenvereins-Hütte liegt übrigens nur eine gute Gehstunde entfernt und ist mit der Benediktenwand ein lohnendes Wanderziel. Nach der Erholungspause geht es auf derselben Route wieder zum Ausgangsort zurück.

Diese Stahlrohre sollen zu Tale geschwemmtes Treibholz auffangen.

17 AM UFER DES WALCHENSEES

Von Urfeld nach Niedernach und zurück

mittel | 14 km | 0 m | 3:30 Std.

Urfeld – Sachenbach – Niedernach – Sachenbach – Urfeld

CHARAKTER

Zunächst auf asphaltierten Anliegerstraße fast ohne Autoverkehr, dann folgt ein längeres Stück auf einem Uferpfad und abschließend eine Forststraße.

AUSGANGS-/ENDPUNKT

Urfeld, Abzweigung beim Hotel Post

ANFAHRT

Stündliche Verbindung mit der Bahn von München nach Kochel. Von dort fährt alle zwei Stunden der RVO-Bus Nr. 9610 Richtung Garmisch-Partenkirchen, Ausstieg in Urfeld. Mit dem Auto nimmt man die Autobahn A 95 München–Garmisch-Partenkirchen, Ausfahrt Murnau/Kochel. Von dort sind es 9 km nach Kochel am See und weitere 5 km auf der B 11 bis nach Urfeld. Kurz vor Urfeld kommt auf der rechten Seite ein Parkplatz.

GEHZEITEN

Urfeld – Sachenbach 45 Min., Niedernach 1 Std., Sachenbach 45 Min., Urfeld 1 Std.

KARTE

Kompass-Wanderkarte Nr. 182: Isarwinkel, 1:50000

EINKEHR

Kiosk beim Bauernhof in Sachenbach: Kuchen, einfache Gerichte, Eis und Getränke, nur während der Sommermonate und bei schönem Wetter geöffnet; Gasthof Waldschänke in Niedernach, Tel.: 08043/397, bayerische Küche, große Terrasse, Do und Fr Ruhetag

INFORMATION

Tourist-Information, Ringstraße 1, 82432 Walchensee, Tel.: 08858/411, Fax: 08858/275, E-Mail: touristinfo@walchensee.net, Internet: www.walchensee.de; Verkehrsamt Wallgau, Rathaus, 82499 Wallgau, Tel.: 08825/925050, Fax: 08825/925066, E-Mail: tourist-information@wallgau.de, Internet: www.wallgau.de

Der Walchensee hat das ganze Jahr über seine Reize: Im Frühling leuchten die Wiesen in satten Farben, im Sommer lockt ein erfrischendes Bad, im Herbst kehrt Ruhe ein und im Winter hat man in der kristallklaren Luft beste Sicht auf die umliegenden schneebedeckten Berggipfel.

Die Kesselbergstraße Erst Ende des 15. Jh. wurde die Straße zwischen Kochel- und Walchensee über den Kesselberg gebaut. Damit stand die kürzeste Verbindung zwischen München und Innsbruck zur Verfügung. Etwa zu dieser Zeit entstanden auch die ersten Ansiedlungen in der Umgebung von Urfeld. Für den Namen »Walchensee« gibt es mehrere Deutungen: zum einen das Lateinische »Lacus vallensins«, was »ein im Tal gelegener See« bedeutet, zum anderen nimmt man an, dass der Name von den Walchen oder Welschen hergeleitet wird, die sich in dieser Gegend angesiedelt hatten.

Ringsum von Bergen umgeben hat der Walchensee mit seinem dunkelblauen bis dunkelgrünen Wasser einen unverwechselbaren Charakter. Sei-

ne einzigartigen Stimmungen sind in Spätwerken des Malers Lovis Corinth ebenso festgehalten wie in den Erzählungen Johann Wolfgang von Goethes, der auf seiner Reise nach Italien einige Tage hier verweilte. Auch der Märchenkönig Ludwig II. war immer dann am Walchensee zu Gast, wenn er im Königshaus auf dem Herzogstand nächtigte.

Im Hintergrund ist der Jochberg deutlich zu erkennen.

Linke Seite: Rast mit Blick auf den Walchensee

Ärztliches Gutachten Wie hoch die Qualitäten des Walchensee einzuschätzen sind, zeigt ein Ende des 19. Jh. verfasstes Gutachten des Berliner Sanitätsrats Dr. Carl Rosenthal, damals wohnhaft Unter den Linden 48/49: »Auf Grund mehrjähriger eigener Erfahrung kann ich bestätigen, dass der Ort Walchensee, am gleichnamigen See in Oberbayern gelegen, nicht nur für durch intensive Tätigkeit Ermattete, sondern auch für Nervöse, Neurastheniker, Blutarme und endlich auch für Rekonvaleszenten zu längerem Aufenthalte außerordentlich geeignet erscheint. Die großen Vorzüge des genannten Ortes liegen zunächst in seiner Höhenlage, seinem allseitigen Schutz vor Winden, seinen ausgedehnten Hochwaldungen und seinen vielfach mit schönstem Alpenblumenflor bestandenen Wiesen, wodurch eine alpine, äußerst kräftigende und die Nerven stärkende Luft gewährleistet wird; ferner in der Möglichkeit, jeglichen gesunden Sport zu treiben, wie Spaziergänge in der Ebene, Bergsteigen, Radfahren, Rudern, Angeln, Baden usw., wozu im Winter noch Rodeln und ausgedehnter Eissport hinzutritt – alles Körperübungen, die durchaus geeignet sind, geschwächte Nerven zu stärken und die Gesundheit zu fördern. Schließlich sei auch nicht vergessen, dass der Ort eine eigene Quellwasserleitung hat, deren Trinkwasser vom hygienischen Standpunkte aus absolut einwandfrei ist. Hier kommt alles zusammen, um Walchensee zu einem Dorado für abgearbeitete und nervöse Menschen zu machen.«

DEN WALCHENSEE UMRUNDEN

Wer Zeit und Lust hat, kann die Wanderung auf der Südseite des Sees entlang der Mautstraße bis nach Einsiedel fortsetzen. Für diese knapp 10 Kilometer sind etwa 2:30 Std. Gehzeit einzuplanen. Von Einsiedel fährt alle zwei Stunden ein Bus zurück nach Urfeld.

Wassergewinnung im Kraftwerk Wirtschaftliche Bedeutung hat der Walchensee seit 1924 durch den Bau des Kraftwerks Kochelsee. Seitdem schießt durch sechs riesige Rohr das Wasser zum 200 Meter tiefer gelegenen Kochelsee und treibt dort die Turbinen zur Stromerzeugung an. Bei der Anfahrt nach Kochel kann man diese Rohre sehr gut in der Landschaft erkennen. Um den Wasserverlust wieder auszugleichen, wird dem Walchensee durch unterirdische Stollen über eine größere Entfernung Wasser aus dem oberen Teil der Isar sowie aus dem Rißbach zugeleitet.

Von Urfeld nach Sachenbach Unsere Wanderung am Nordostufer des Walchensees beginnt in Urfeld beim Hotel Post. Hier zweigt eine asphaltierte Anliegerstraße ab, die nur von den wenigen Bewohnern in Sachenbach befahren wird. Wir wandern auf dieser Straße direkt am Wasser entlang, während auf der anderen Seite dichter Wald steht. Durch die Bäume ist der Weg ziemlich windgeschützt, zudem scheint am frühen Nachmittag die Sonne hierher, weshalb die Wanderung auch an kühlen Tagen sehr angenehm ist.

Unterwegs kommen wir an einigen schönen Badestellen vorbei; im weiteren Verlauf wird es noch etliche mehr geben. Nach etwa 45 Min. Gehzeit erreichen wir den Weiler Sachenbach, wo ein Kiosk Erfrischungen anbietet. Gleich dahinter ragt eine kleine Halbinsel in den Walchensee, auf deren Südseite ein ruhiger Badeplatz zu finden ist.

Die Insel Sassau steht unter Naturschutz Ab Sachenbach wandern wir auf einem Forstweg, von dem wir aber kurz darauf rechts auf einen Pfad, der am Ufer entlangführt, abzweigen. Rund 20 Min. später stehen wir direkt vor der Insel Sassau, die unter Naturschutz steht und deshalb nicht betreten werden darf. Auf der Insel wachsen einige seltene Pflanzen, die es früher überall rund um den Walchensee gab, beispielsweise die Alpenrose oder die Sommerheide sowie etliche seltene Eiben.

Wir treffen im Bereich der Insel Sassau wieder auf den Forstweg und folgen diesem im Uferbereich bis nach Niedernach. Nach einer Rast in der Waldschänke und eventuell einem Bad im Walchensee machen wir uns auf dem gleichen Weg wieder zurück nach Urfeld.

BLICK VON OBEN

Um den Walchensee einmal von oben betrachten zu können, bieten sich zwei Wanderungen an, die beide am Parkplatz bei den letzten Kehren der Kesselbergstraße beginnen. Vom See aus gesehen geht es an der Straße rechts hinauf zum Jochberg und links zum Herzogstand. Der Weg zum Gipfel des Jochbergs dauert etwa 2 Std., zur Spitze des Herzogstands ist man rund 3 Std. unterwegs. Bequemer und schneller geht es nur noch mit der Herzogstandbahn, deren Talstation am Westufer des Walchensees liegt. Gleichzeitig hat man vom Gipfel des Herzogstands einen fantastischen Blick auf das Alpenvorland und die Gipfel des Karwendel- und Wettersteingebirges.

Linke Seite: Sobald der erste Wind aufkommt, werden die Segel gehisst.

Am Nordostufer des Walchensees finden sich immer wieder kleine Badestellen.

18 WO DIE ISAR ENTSPRINGT

Durchs Hinterautal zur Isarquelle

mittel | 25 km | 300 m | 6 Std.

STRECKE
Scharnitz – Isarquelle (Kastenalm) – Scharnitz

CHARAKTER
Die Wanderung verläuft entlang der wilden Isar bis zur ihrer Quelle. Der breite Wanderweg hat, vom Abschnitt bei der Jausenstation Wiesenhof abgesehen, keine nennenswerte Steigung.

AUSGANGS-/ ENDPUNKT
Scharnitz

ANFAHRT
Von München verkehren alle ein bis zwei Stunden Züge über Garmisch und Mittenwald nach Scharnitz. Mit dem Pkw auf der A 95 nach Garmisch und auf der B 2 über Mittenwald nach Scharnitz. Dort nach der Isarbrücke links die Teerstraße bis zum Parkplatz (Wegweiser Hallerangeralm) entlangfahren.

GEHZEITEN
Scharnitz – Isarquelle 3 Std., Kastenalm 15 Min., Scharnitz 2:45 Std.

SPEZIELLE HINWEISE
Wer die Bachwanderung fortsetzen will, kann von der Kastenalm den Aufstieg entlang dem teils in einer Schlucht verlaufenden Lafatscherbach bis zur Hallerangeralm bzw. -hütte fortsetzen (zusätzlich 1:30 Std. Aufstieg, 1 Std. Abstieg).

KARTE
Kompass-Wanderkarte Nr. 26: Karwendelgebirge, 1:50000

EINKEHR
Jausenstation Wiesenhof, Kastenalm, beide täglich geöffnet; evtl. Hallerangeralm

ÜBERNACHTUNG
Hallerangeralm (privat, 1770 m), Tel.: 0043/521/35277, 28 Betten, 50 Lager, geöffnet Anf. Juni bis Mitte Oktober; Hallerangerhaus (AV-Hütte, 1768 m), Tel.: 0043/521/35326, 26 Betten, 70 Lager, geöffnet Mitte Juni bis Mitte Oktober.

INFORMATION
Verkehrsamt Scharnitz, Innsbrucker Str. 282, A-6108 Scharnitz, Tel.: 0043/521/35270.

Dass die Isar im Karwendelgebirge entspringt, weiß fast jedes Schulkind. Doch wo genau die Quelle liegt, darüber haben sich die Experten jahrelang den Kopf zerbrochen. Insgesamt kommen rund 20 Quellen im Hinterau- und Lafatschertal für den Isarursprung infrage, doch die meisten versiegen immer wieder und erfüllen somit nicht das wesentliche Quellkriterium. Der im August 2003 im Hinterautal eröffnete Themenlehrpfad schafft nun Klarheit: Die Isarquelle liegt etwa 500 Meter vor der Kastenalm.

Von Scharnitz zur Isarquelle Exakt 12 Kilometer liegt die frisch markierte Isarquelle von Scharnitz entfernt. Nur anfangs geht es etwas steiler durch Wald bergan und vom Isarbett ein Stück weit weg: Die Isar fließt in diesem Bereich durch eine tiefe Klamm. Dann führt der bequeme Forstweg jedoch in das Hinterautal hinab und dort durch einige Schuttgräben hindurch zurück an den sprudelnden Fluss. Unterwegs liegen mehrere

schöne Picknickplätze direkt am Isarwasser – und das mit Blick auf die für das Karwendel so typische Felskulisse.

Das Hinterautal ist tief zwischen der Gleiersch- und der Hauptkette eingeschnitten; vom Talschluss sind es noch über 1500 Höhenmeter bis zum höchsten Karwendelgipfel, der Birkkarspitze. Kurz nach der Wegabzweigung zur Birkkarspitze stoßen wir links des Wegs auf die drei Isarquellen. Das Wasser, das aus dem Boden herausquillt, ist zum Teil 50 bis 60 Jahre alt und misst eine konstante Temperatur von 7°C. Auf dem Themenlehrpfad erfahren wir Näheres über den Isarursprung und die umgebende Pflanzenwelt; großes Rätselraten etwa lösen die Wildrosen aus, die sich quasi über Nacht ohne nachvollziehbaren Grund im Talboden angesiedelt haben.

Die Kastenalm liegt in der Nähe der Isarquelle.

Lange Zeit hatte man die Quelle an der Hallerangeralm als Isarquelle auserkoren. Dann erkannte man jedoch, dass diese Quelle in trockenen Sommern versiegte und das Hauptkriterium für einen Quellfluss – der permanent durchgehende Wasserfluss – nicht mehr erfüllt war.

Abstecher zur Hallerangeralm Auch ohne offiziellen Isarquell-Status lohnt sich ein Abstecher zur Hallerangeralm allemal. Hierfür wählt man kurz vor der Kastenalm den bezeichneten Weg durch die enge Schlucht des Lafatscherbachs und strebt durch Wald und über sanfte Weiden der imposanten Speckkarspitze zu. Dabei spielt es keine Rolle, dass das Plätschern des Wassers vom Lafatscherbach und nicht von der jungen Isar stammt. Ohne Übernachtung wird diese Zugabe jedoch zu einer starken Konditionsprüfung.

Linke Seite:
Blick vom Lafatschertal zurück ins Hinterautal

In ein solch enges Felskorsett ist die Isar nur im unteren Abschnitt der Wanderung eingezwängt.

19 LAUTERSEE UND FERCHENSEE

Die Badeseen von Mittenwald

mittel | 8 km | 180 m | 3 Std.

Mittenwald – Lautersee – Ferchensee – Mittenwald

CHARAKTER
Wanderung auf gut befestigten, stellenweise asphaltierten Wegen mit einigen leichten Anstiegen

AUSGANGS-/ENDPUNKT
Bahnhof Mittenwald

ANFAHRT
Stündliche Verbindung mit der Deutschen Bahn auf der Strecke von München über Garmisch-Partenkirchen nach Mittenwald. Mit dem Auto über die Bundesstraße B 2 von Garmisch-Partenkirchen in Richtung Innsbruck zu erreichen. Bei der Talstation des Kranzberg-Sessellifts gibt es einen großen Parkplatz.

GEHZEITEN
Mittenwald – Lautersee 45 Min., Ferchensee 45 Min., Mittenwald 1:30 Std.

WEGWEISER
Lautersee/Ferchensee

KARTE
Kompass-Wanderkarte Nr. 07: Werdenfelser Land mit Zugspitze, 1:35 000

SPEZIELLE HINWEISE
Von Mitte Mai bis Mitte Oktober verkehrt ein Kleinbus zwischen dem Bahnhof Mittenwald sowie dem Dekan-Karl-Platz am Ende der Fußgängerzone und den beiden Seen. Informationen über Tarife und Fahrzeiten gibt es bei Taxi Schütz unter Tel.: 08823/83 10.

EINKEHR
Restaurant im Hotel Lautersee, Tel.: 08823/10 17, kein Ruhetag; Gaststätte Ferchensee, Spezialität Forelle aus dem Ferchensee, Tel. 08823/14 09, Do Ruhetag

INFORMATION
Kurverwaltung Mittenwald, Dammkarstr. 3, 82481 Mittenwald, Tel.: 08823/339 81, Fax: 08823/27 01, E-Mail: info@markt-mittenwald.de, Internet: www.mittenwald.de

Der Lautersee mit Strandbad und Bootsverleih sowie der wildromantisch gelegene Ferchensee lassen sich auf einer gemütlichen Wanderung von Mittenwald aus erschließen. Das Karwendel- und das Wettersteingebirge geben eine prächtige Kulisse dazu ab.

Auf dem Höhenwanderweg Vom Bahnhof in Mittenwald geht es über die Bahnhofstraße in Richtung Kirche und weiter durch den Jalsweg und »Im Gries« zur Kranzbergstraße, an der wir links in den Schwibbacherweg einbiegen. Bis dahin können wir uns an der Beschilderung »Kalvarienberg/Kranzbergbahn« orientieren. Über etliche Treppenstufen erreichen wir den so genannten Höhenwanderweg, der in südwestlicher Richtung aus dem Ort führt. Von hier oben bietet sich ein sehr schöner Blick auf Mittenwald und die auf der anderen Talseite gelegene Karwendelspitze.

Der Lautersee Nach rund 30 Min. Gehzeit durch die Wiesen erreichen wir den Lautersee, dessen Name von »lauter« abstammt, was »rein und klar« bedeutet. Entsprechend finden wir hier auch sehr klares Wasser vor, denn der See wird größtenteils durch unterirdische Quellen gespeist. Den schönsten Badeplatz finden wir am südöstlichen Ende des Lautersees, da dort im Uferbereich feiner Sand auf dem Seeboden liegt. Die Badebucht wird »am Hechtenzipfel« genannt. In der Nähe der Gaststätte gibt es einen Bootsverleih; wer möchte, kann auch den See auf einem schmalen Weg auf der Südseite umrunden.

Der Ferchensee Etwas höher als der Lautersee liegt der Ferchensee, das nächste Ziel der Wanderung. Die Route dorthin führt zunächst auf einem ausgeschilderten Pfad, der später in einen Güterweg mündet. Am Ufer des Ferchensees angekommen, besteht wieder die Möglichkeit, eine südliche Umrundung zu starten, was aufgrund der steil aufragenden Felswände besonders beeindruckend ist. An der Südseite finden wir auch das schönste Badegelände, während am Westende ein Gasthof sowie ein

Ob wir wohl schon im Lautersee baden sollen …

… oder doch lieber erst im Ferchensee?

Bootsverleih gelegen sind. Zurück nach Mittenwald nehmen wir den gleichen Weg – es sei denn, wir entscheiden uns noch spontan für eine kleine Bergtour (siehe Kasten). Als Alternative empfiehlt sich in Mittenwald der Besuch des Geigenbaumuseums in der Ballenhausgasse 3 (Di–Fr 10–13 Uhr und 15–18 Uhr, Sa und So 10–13 Uhr geöffnet). Neben Bauernmöbeln, Kunstgewerbe und Hausrat aus früherer Zeit sind dort etliche Exemplare der wertvollen Streichinstrumente ausgestellt, darunter Geigen von Matthias Klotz, dem Begründer des Mittenwalder Geigenbaus. Ein Videofilm zeigt, wie die Musikinstrumente entstehen.

BERGVARIANTE FÜR DEN RÜCKWEG

Kurz hinter dem Gasthof Ferchensee führt rechter Hand ein Steig hinauf zum Hohen Kranzberg, der mit gutem Schuhwerk einfach zu gehen ist. Für den Anstieg sind etwa 1:30 Std. Gehzeit einzuplanen; der anschließende Abstieg direkt nach Mittenwald dauert noch einmal 1 Std.

MITTENWALD FÜR KINDER

Zu allen Ferienzeiten gibt es in Mittenwald zwei Mal in der Woche speziell für Kinder zwischen sechs und zwölf Jahren ein abwechslungsreiches Urlaubsprogramm: Ob bei einer lustigen Kutschenfahrt, beim Hüten der Schafe oder im Landsknechtlager – immer ist Spaß und Spannung geboten. Weitere Infos über den Galaxl-Junior-Club gibt es bei der Kurverwaltung unter Tel.: 08823/33981.

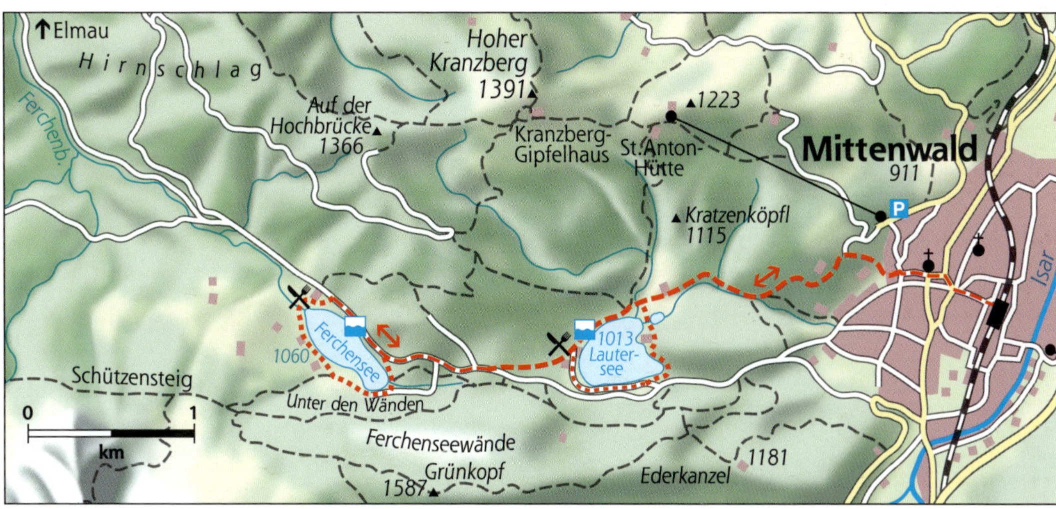

20 SPANNENDE PARTNACH

Wo es tost und zischt

mittel | 13 km | 380 m | 4 Std.

Garmisch-Partenkirchen – Partnachklamm – Bockhütte – Partnachklamm – Garmisch-Partenkirchen

CHARAKTER

Zunächst geht es auf einer Asphaltstraße zum Eingang der Klamm und anschließend auf einem gesicherten, in den Fels gehauenen Steig durch die Klamm hinauf. Der Rest der Tour führt über Güterwege und gut zu gehende Wanderwege.

AUSGANGS-/ENDPUNKT

Skistation Garmisch-Partenkirchen

ANFAHRT

Stündliche Direktverbindung mit der Deutschen Bahn von München. Das Skistadion ist vom Bahnhof aus mit den Ortsbuslinien 3, 4 und 5 bzw. zu Fuß über Bahnhofstraße, Ludwigstraße und Münchner Straße zu erreichen. Mit dem Auto fährt man von München über die Autobahn A 95 nach Eschenlohe und weiter auf der B 2 nach Garmisch-Partenkirchen und dort Richtung Innsbruck. Kurz vor dem Ortsende geht es rechts zum Skistadion (beschildert) mit Parkplatz.

GEHZEITEN

Garmisch-Partenkirchen – Partnachklamm 45 Min., Bockhütte 1:15 Std., Garmisch-Partenkirchen 2 Std.

WEGWEISER

R 1

KARTE

Kompass-Wanderkarte Nr. 07: Werdenfelser Land mit Zugspitze, 1:35 000

EINKEHR

Pitzner Hütte am Eingang zur Partnachklamm, Tel.: 08821/947103, einfache kalte und warme Gerichte, Eis, Mitbringsel, von Ostern bis Mitte Oktober täglich geöffnet; Bockhütte, einfache kalte und warme Gerichte, selbst gebackener Kuchen, von Ende Juni bis Anfang September tägl. geöffnet.

INFORMATION

Tourist-Info, Richard-Strauss-Platz 1 a, 82467 Garmisch-Partenkirchen, Tel.: 08821/180700, Fax: 08821/180755, E-Mail: tourist-info@garmisch-partenkirchen.de, Internet: www.garmisch-partenkirchen.de

Während die Partnach in der Klamm mit ohrenbetäubendem Lärm zu Tal rauscht, kann man im höher gelegenen Reintal gemütlich an ihrem Ufer die Zeit verbringen.

Spannende Entstehungsgeschichte Vor etwa 240 Millionen Jahren befand sich etwa in Höhe des heutigen Roms ein flaches Meer, auf dessen Grund sich unzählige Muscheln ablagerten. Durch das enorme Gewicht immer neuer übereinander gelagerter Schichten versteinerten sich die darunter liegenden Muscheln. Seit dieser Zeit schiebt sich die afrikanische Kontinentalplatte jedes Jahr um einige Zentimeter Richtung Norden und drückt die europäische Kontinentalplatte zusammen, sodass sich im Laufe dieser extrem langen Zeit die Alpen auffalten konnten. Gleichzeitig wurde infolge dieser Kontinentaldrift der eingangs erwähnte Meeresboden von Rom bis nach Garmisch-Partenkirchen geschoben. Über dem alpinen Muschelkalk, der an seiner dunkelgrauen Färbung gut zu erkennen ist, bildete sich später eine Schicht aus kalkhaltigem Mergelgestein.
Im gleichen Maß wie die alpine Faltung die Berge aufrichtete, konnte die Partnach den harten und witterungsbeständigen Muschelkalk erodieren und sich so immer tiefer in das Gelände eingraben. Im oberen und unteren Verlauf hingegen hat der Fluss im Mergelgestein sein heutiges flaches und breites Bett gefunden. Die beiden unterschiedlichen landschaftlichen

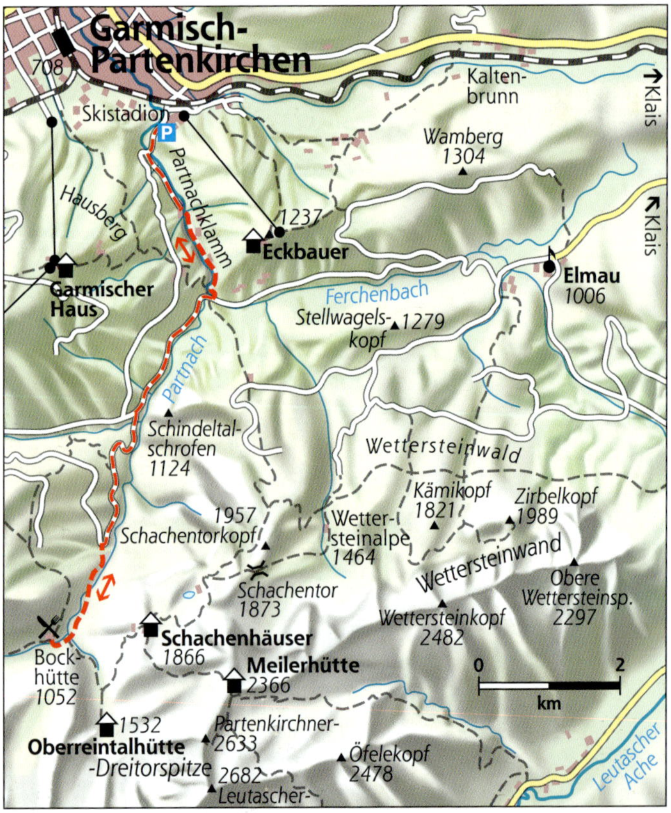

DER ALTE WEG ZUR ZUGSPITZE

Von der Bockhütte kann man die Wanderung an der Partnach entlang nochmals knapp 2 Std. bis zur sehr schön gelegenen Reintalangerhütte (Tel.: 08821/29 03) fortsetzen. Dort gibt es sowohl eine Einkehr- als auch eine Übernachtungsmöglichkeit. Von dort führt ein Weg über die Knorrhütte in das Zugspitzgebiet.

Formen können wir bei dieser Wanderung an der entsprechenden Färbung gut erkennen.

Ursprung im Gletscher auf der Zugspitze Die Partnach ist der natürliche Abfluss des Schneeferners, einem eiszeitlichen Gletscher auf dem Zugspitzplatt, der sich in 2500 Meter Höhe in den südlichen und nördlichen Schneeferner aufteilt. Zunächst fließt das Wasser unterirdisch durch die verkarstete Steinwüste; erst rund 500 Höhenmeter tiefer tritt die Partnach zum ersten Mal ans Tageslicht. Nachdem sie die Reintalangerhütte passiert hat, stürzt sie im Partnachfall steil in die Tiefe. Kurz darauf nimmt sie bei der hinteren Blauen Gumpe, einem tiefblauen kleinen See im so genannten »Steingerümpel« für kurze Zeit einen unterirdischen Verlauf, ehe sie bei der vorderen Blauen Gumpe fast unvermittelt wieder zwischen den Felsbrocken hervortritt.

Bei der Bockhütte knickt die Partnach in Richtung Norden ab und durchströmt die Hinter- und Mitterklamm, die beide nicht begehbar sind. Von oben hört man jedoch das Wasser in der Tiefe rauschen. Kurz vor dem Eintritt in die Partnachklamm bekommt sie nochmals kräftig Wasser vom Ferchenbach zugeführt, der von Osten her aus dem waldreichen Vorland der Wettersteinwand heranfließt. Danach beginnt die spektakulärste Phase im Verlauf der Partnach, von der wir uns beim Aufstieg durch die Klamm selbst ein Bild machen können.

Alternativ mit dem Pferdewagen Vom Skistadion in Garmisch-Partenkirchen legen wir auf der Wildenauer Straße das etwa 1,5 Kilometer lange Teilstück bis zum Einstieg in die Partnachklamm zurück. Direkt neben der asphaltierten Anliegerstraße fließt die Partnach zunächst auf der linken, später dann auf der rechten Seite gemächlich dahin. Wer möchte, kann diese Strecke auch für 12,- Euro auf einem bereit stehenden Pferdewagen zurücklegen.

Durch die wilde Klamm Nach Passieren des Kassenhäuschens (Erwachsene 2,- Euro, Kinder 1,- Euro) betreten wir durch ein in den Fels gehauenes Portal die Partnachklamm, die sich tief in die mächtigen Lagen des alpinen Muschelkalks eingeschnitten hat. Mit lautem Getöse strömt die Partnach durch den schmalen Einschnitt. An einer der Stellen reichen die Felswände 86 Meter in die Höhe. Der schmale Weg ist Anfang des 19. Jahrhunderts aus dem Gestein gesprengt worden und ist an einigen Stellen so niedrig, dass man sich beim Durchgehen bücken muss. Fast überall tropft von oben Wasser herab – passende Regenkleidung ist daher nicht verkehrt.

Das Wasser wird durch die vielen Fälle richtig aufgeschäumt.

Die Partnachklamm wurde damals zugänglich gemacht, um den Fluss zum »Triften« nutzen zu können. Bis in die 1960er-Jahre hat man Baumstämme aus den oberhalb liegenden Wäldern im Frühjahr während der Schneeschmelze ins Wasser geworfen und durch die Klamm talab-

*Vorige Seite:
Tosend stürzt die Partnach zu Tal.*

Kaum ein Sonnenstrahl dringt bis auf den Boden der Klamm hinab.

NICHT GANZ OHNE GEFAHR

Am 1. Juni 1991 brachen ungefähr 10 000 Kubikmeter Gestein aus der westlichen Felswand am Südende der Klamm heraus und bildeten einen 15 Meter hohen Wall, hinter dem sich das Wasser staute. Der Durchgang war deshalb über ein Jahr komplett gesperrt. Im März 2003 erfolgte im nördlichen Teil ein erneuter Felssturz; zum Glück war die Klamm zu dieser Zeit geschlossen.

wärts transportiert (»getriftet«). Weil sich dabei immer wieder Stämme zwischen den Felsen verkeilten, mussten die Männer zu Fuß in die Klamm steigen können, um in halsbrecherischer Manier die Hölzer wieder zu befreien.

Das ruhige Reintal Am oberen Ende der Klamm angekommen, wird man erst einmal wieder die wärmenden Sonnenstrahlen und die Ruhe genießen. Der ruhig dahinfließende Bach mit seinen kleinen Inselchen und die umgebende Landschaft geben ein idyllisches Bild ab. Der weitere Weg führt zunächst über etliche Treppenstufen den Wald hinauf; anschließend wandern wir auf einer Forststraße etwa 1 Std. lang durch den Wald bis zur Bockhütte. Dort beginnt das landschaftlich sehr schöne Reintal, wo wir es uns am Ufer der Partnach gemütlich machen können. Im Sommer weiden hier auf den Wiesen rund 600 Schafe. Während dieser Zeit bieten die Schäfer in der Bockhütte Erbsensuppe, Schinkennudeln und selbst gebackenen Kuchen an. Die Partnach verströmt hier eine ruhige und entspannte Atmosphäre, bevor wir auf dem Rückweg zur Skistation nochmals die Urgewalt des Wassers in der Klamm spüren werden.

SPEZIELLE HINWEISE

Die Kasse am Eingang der Partnachklamm ist im Sommer von 8.30–18.15 Uhr und im Winter von 9–17 Uhr besetzt. Außerhalb dieser Zeiten erfolgt die Begehung auf eigene Gefahr. In der Übergangszeit zwischen Winter und Sommer sowie bei starkem Tauwetter wird die Klamm wegen Eisbruchgefahr geschlossen. Kanus, Fahrräder und Kinderwagen dürfen durch die Klamm nicht mitgeführt werden; festes Schuhwerk und Regenschutz ist zu empfehlen.

21 DIE HÖLLENTALKLAMM

Auf dem Weg zur Zugspitze

mittel | 7 km | 650 m | 3:30 Std.

Hammersbach – Höllentalklamm – Höllentalangerhütte – Hammersbach

CHARAKTER

Mittelschwerer Auf- und Abstieg auf gut befestigten Wanderwegen, in der Klamm auf einem in den Fels gehauenen Steig.

AUSGANGS-/ENDPUNKT

Grainau, Ortsteil Hammersbach

ANFAHRT

Mit der Bahn stündliche Verbindung von München nach Garmisch-Partenkirchen und von dort mit der Bayerischen Zugspitzbahn oder dem Eibsee-Bus nach Hammersbach. Mit dem Auto nimmt man entweder von München die Autobahn A 95 bis Garmisch-Partenkirchen und dann die Bundesstraße bis Grainau oder fährt aus Richtung Ulm über die Autobahn A 7 bis Kempten und dann weiter auf der Bundesstraße über Reutte/Tirol nach Grainau. In der Nähe des Bahnhofs Hammersbach ist ein Parkplatz.

GEHZEITEN

Hammersbach – Höllentalklamm-Eingangshütte 1 Std., Höllentalangerhütte 1 Std., Hammersbach 1.30 Std.

WEGWEISER

831 A, Höllentalangerhütte

KARTE

Kompass-Wanderkarte Nr. 07: Werdenfelser Land mit Zugspitze, 1:35 000

SPEZIELLE HINWEISE

Für die Wanderung ist gutes Schuhwerk sowie Regenschutz zu empfehlen.Im Winter wegen starker Lawinengefahr geschlossen.

EINKEHR

Höllentalklamm-Eingangshütte, einfache Gerichte, Mitbringsel, Tel.: 08821/8895, Mitte Mai bis Mitte Oktober täglich geöffnet; Höllentalangerhütte, einfache Gerichte, schöne Terrasse, Tel.: 08821/8811, Ende Mai bis Anfang Oktober täglich geöffnet, Übernachtungsmöglichkeit

INFORMATION

Kurverwaltung, Parkweg 8, 82491 Grainau, Tel.: 08821/981850, Fax: 08821/981855, E-Mail: info@grainau.de, Internet: www.grainau.de

Durch Felstunnel, über Stege und Felstreppen geht es durch die Höllentalklamm, in der der tosende Hammersbach zu Tal stürzt. Ausruhen können wir anschließend in einer urigen Berghütte.

Der gemütliche Hammersbach Der Start zu dieser abenteuerlichen Tour ist beim Zugspitzbahnhof im Grainauer Ortsteil Hammersbach. Auf einem breiten Forstweg wandern wir in Richtung Höllental; der Hammersbach fließt gemächlich neben uns – nichts deutet darauf hin, welche Kraft der Bach nur wenig später entfalten kann. Der Weg steigt langsam an. Zu beiden Seiten breitet sich der für das Wettersteingebirge typische Mischwald mit hohen Fichten und Buchen aus. Am Wegesrand wachsen Farne, im Sommer sind auch Akelei und Silbermantel zu sehen.

Der wilde Hammersbach Im Verlauf des weiteren Anstiegs können wir auf der linken Seite mehrere kleine Wasserfälle sehen, die über die bewachsenen Felsen vom Henneneck herunterkommen. Der Weg wird im letzten Teil etwas steiler und führt zum Schluss direkt an die Felswände des Vorderen Männl heran. Kurz darauf haben wir die Höllentalklamm-Eingangshütte erreicht. Sie ist auf einem kleinen Felsvorsprung errichtet worden; aus Platzgründen musste man die Toiletten in den Fels hineinbauen. Nach Bezahlen der Eintrittsgebühr (Erwachsene 2,50 Euro, AV-Mitglieder 1,- Euro) können wir in die Klamm eintreten. Sie ist insgesamt 1026 Meter lang, hat zwei Brücken, zwölf Stollen, mehrere Wandstege, und der Ausgang liegt 150 Meter höher. Der Strom für die elektrische Beleuchtung wird durch eine Wasserturbine in der Nähe der Eingangshütte erzeugt.

Äußerst schwieriger Ausbau der Klamm In Millionen von Jahren hat sich der Hammersbach in den alpinen Muschelkalk eingegraben und so die Klamm entstehen lassen. Erst zu Beginn des 19. Jh. hat man erste Versuche unternommen, die bis dahin als unpassierbar geltende Schlucht begehbar zu machen. Durch das große persönliche Engagement des Ingenieurs Adolf Zoeppritz und mehrerer einheimischer Bergführer wurde die Klamm zunächst erforscht und vermessen. Dazu mussten sich die

Gegen die herabfallenden Wassertropfen bestens geschützt

MIT KINDERN UNTERWEGS

Waxl, der lustige Bär vom Waxenstein, begleitet alle Kinder von 5 bis 14 Jahren durch das Ferienprogramm: klettern mit der Grainauer Bergwacht, ein Besuch bei den Honigbienen, ein Tag auf einem Bauernhof bei Schafen, Kühen und Kälbern, eine Fahrt mit der Pferdekutsche, grillen am Lagerfeuer, den Wald und seine Bewohner erkunden, lernen, wie man einen Verband anlegt, oder die Wasserwacht am Eibsee besuchen. Anmeldung und genaue Termine bei der Kurverwaltung Grainau, Tel.: 08821/98 18 50.

Männer von oben über die hohen Felsen hinabseilen; teilweise stiegen sie auch über lange Leitern hinab.
Innerhalb von vier Jahren (1902–05) gelang es den Bautrupps unter der Leitung von Adolf Zoeppritz, mehrere Tunnels in den Fels zu sprengen und den kompletten Weg durch die Klamm passierbar zu machen. Dabei wurden insgesamt 2500 kg Sprengstoff verbraucht, 14 000 kg Eisenteile, 2000 m Wasserrohr und 750 m Drahtseil verbaut, sowie 7000 kg Zement und 70 kg Kohle zum Schmieden aufgewendet. Nach 600 Arbeitstagen konnte am 15. August 1905 die feierliche Einweihung stattfinden.

Immense Schneehöhen Der Name der Höllentalklamm hat jedoch nicht mit dem Hölleninferno zu tun, das der Hammersbach zwischen den Felsen verursacht, er stammt vielmehr von »Höhle« oder »Aushöhlen« ab. Es sind übrigens zwei Gebirgsstöcke, zwischen denen das Höllental verläuft: Auf der rechten Seite beim Aufstieg liegt der Waxenstein und links die Alpspitze. Im Winter ist die Klamm durchgehend geschlossen, denn sechs Lawinenzüge entleeren ihre Schneemassen in die enge Schlucht: drei von der Alpspitzseite und drei vom Waxenstein. Dabei wurden schon Schneehöhen von über 70 Meter gemessen.

Linke Seite: Das Abenteuer kann beginnen …

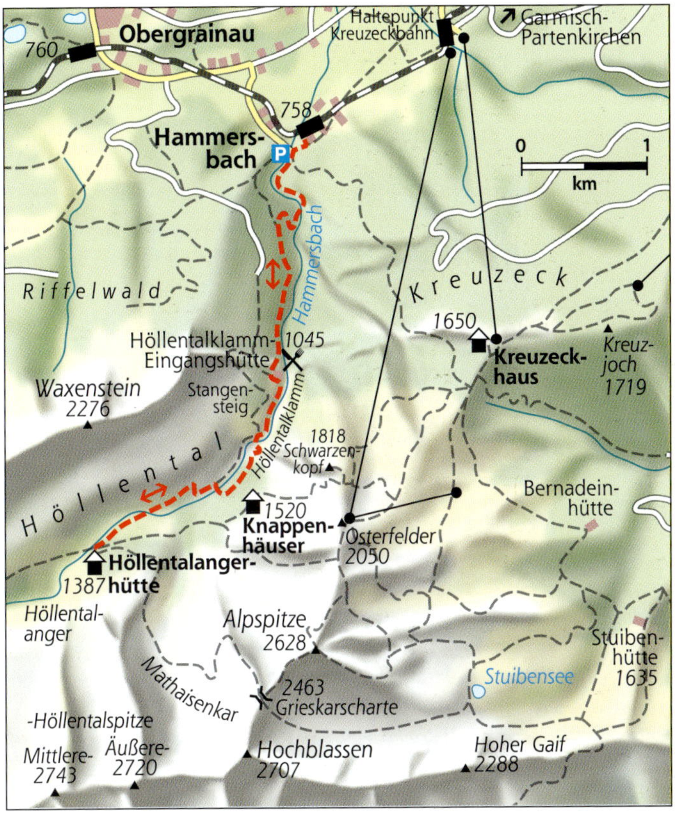

Auf den ersten Blick scheint die Brücke weder einen Zugang noch einen Abgang zu haben.

ÜBERGANG ZUM OSTERFELDERKOPF

Wer sich gerne noch im Bereich der Alpspitze aufhalten möchte, kann von der Höllentalangerhütte über die Rinderscharte zum Osterfelderkopf wandern (Gehzeit ca. 1:30 Std.) und von dort mit der Alpspitzbahn ins Tal zurückfahren. Von der Talstation sind es ca. 20 Min. zu Fuß zum Ausgangspunkt der Tour.

In der Klamm unterwegs Der Weg durch die Klamm ist ausgesprochen spannend. Gleich zu Beginn spannt sich über unseren Köpfen eine schmale Brücke über das tosende Wasser. Von weitem scheint dieser Übergang direkt an der Felswand zu enden. Erst wenn man direkt davor steht, sieht man, dass sich gleich hinter der Brücke ein Tor im Fels öffnet, durch das wir unseren Weg auf der anderen Klammseite fortsetzen können. An einer anderen Stelle hat sich ein riesiger herabgefallener Gesteinsbrocken zwischen den eng zusammen stehenden Felswänden nur wenige Meter über den Köpfen der Wanderer verklemmt. Ein Stück weiter oben führt der Weg durch einen schmalen Tunnel. Durch die in den Fels geschlagenen Fenster können wir das vorbeirauschende Wasser sehen.

Rast in der Höllentalangerhütte Am Ende der Höllentalklamm angekommen, sehen wir auf der linken Seite die Reste einer Staustufe, von der Anfang des 19. Jahrhunderts das Wasser über einen Zuleitungskanal zu einem Kraftwerk geleitet wurde, in dem man Strom für den Erzabbau unter den nahe gelegenen Knappenhäusern erzeugt hat. Der Bergbau wurde in den 1920er-Jahren eingestellt.

Von hier sollte man es nicht versäumen, nochmals rund 20 Min. bis zur Höllentalangerhütte aufzusteigen. Im Bereich der Hütte öffnet sich das Tal und gibt den Blick frei auf die Gipfel der Waxensteine, die Riffelwände sowie den Höllentalferner mit der sich dahinter auftürmenden Zugspitze. Der Hammersbach plätschert hier oben gemächlich durch die grünen Weiden – größer könnte der Kontrast zur Klamm gar nicht sein. Zumal wir auf dem Rückweg das ganze Spektakel noch einmal erleben können.

22 RUND UM DEN EIBSEE

Hoch gelegener See mit Blick auf Deutschlands höchsten Gipfel

leicht | 7 km | 60 m | 2 Std.

Eibsee-Hotel – Wankerl – Eibsee-Hotel

CHARAKTER
Rundtour auf einem gut befestigten Wanderweg ohne nennenswerte Steigungen und Abstiege

AUSGANGS-/ENDPUNKT
Parkplatz beim Eibsee-Hotel

ANFAHRT
Mit der Bahn stündliche Verbindung von München nach Garmisch-Partenkirchen und von dort mit der Bayerischen Zugspitzbahn oder dem Eibsee-Bus zum Eibsee. Mit dem Auto nimmt man entweder von München die Autobahn A 95 bis Garmisch-Partenkirchen und dann die Bundesstraße bis Grainau und von dort zum Eibsee oder fährt aus Richtung Ulm über die Autobahn A 7 bis Kempten und dann weiter auf der Bundesstraße über Reutte/Tirol und Grainau zum Eibsee.

GEHZEITEN
Komplette Seeumrundung 2 Std.

WEGWEISER
E 1

KARTE
Kompass-Wanderkarte Nr. 07: Werdenfelser Land mit Zugspitze, 1:35 000

SPEZIELLE HINWEISE
Die Tour ist auch im Winter schön zu gehen.

EINKEHR
Eibsee-Hotel, Restaurant mit großer Terrasse und Blick auf den Eibsee, Tel.: 08821/988 10, kein Ruhetag; Eibsee-Alm, Hütte am Eibsee, Kinderspielplatz, kalte und warme Speisen, Tel.: 08821/89 13, kein Ruhetag; Eibsee-Pavillon, Biergarten und große Terrasse, bayrische Küche, Tel.: 08821/89 13, kein Ruhetag

INFORMATION
Kurverwaltung, Parkweg 8, 82491 Grainau, Tel.: 08821/98 18 50, Fax: 08821/98 18 55, E-Mail: info@grainau.de, Internet: www.grainau.de

Oben: Erfrischendes Bad am Morgen

Der idyllisch unterhalb der Zugspitze gelegene Eibsee ist eines der beliebtesten Ausflugsziele im Werdenfelser Land. Bei einer Rundwanderung um den See kann man dem Trubel gut entgehen.

Turbulente Zeiten am Eibsee

Als August Terne im Jahre 1884 für 10 000 Goldmark den Eibsee ersteigerte, schüttelten die Leute nur den Kopf. Als dieser jedoch eine regelmäßige Verbindung zwischen seinem neuen Besitz und der Poststation in Murnau einrichtete, avancierte der Eibsee schnell zu einem beliebten Ausflugsziel. August Terne erbaute bereits 1900 am Seeufer einen Gasthof, 1912 folgte das Eibsee-Hotel. Rund um den idyllisch gelegenen Gebirgssee war immer etwas los, Prominenz fand sich ein, und im Winter veranstaltete man auf dem zugefrorenen See Autorennen.
Heute ist es rund um den Privatsee ruhiger geworden, wenn auch an manchen Wochenenden im Sommer die Straße von Grainau her schon weit vor dem See zugeparkt ist. Der größte Andrang ist direkt vorne beim Eibsee-Pavillon, wo Einkehrmöglichkeiten, Bootsverleih, Hochseilgarten, Badeanstalt und Kinderspielplatz eng beieinander liegen. Sobald man auf dem Rundweg »E 1« diese Attraktionen hinter sich gelassen hat, kehrt die Ruhe der Bergwelt wieder ein.

Vom Hotel auf den Rundwanderweg Der Uferweg ist bequem zu gehen, und die Bäume spenden im Hochsommer angenehmen Schatten. Auf der Bergseite ragen die Felswände der Schwarzen und Blauen Wand

Badeplatz und Bootsverleih beim Eibsee-Hotel

steil empor. Am hinteren Ende des knapp 2,5 Kilometer langen Eibsees angelangt, hört man schon von weitem einen kleinen Wasserfall rauschen. Ab hier kann man mit Blickrichtung Süden erstmals die Zugspitze sehen, mit 2962 Meter der höchste Gipfel Deutschlands.

Die sieben Inseln des Eibsees Auf der Nordseite des Eibsees kommen wir ziemlich nahe an die insgesamt sieben Inseln heran, von denen einige nur wenige Quadratmeter groß sind. Die größeren heißen Ludwiginsel, Maximilianinsel und Sasseninsel. Sie sind allesamt unbewohnt.
Etwa auf halber Strecke auf dem Rückweg liegt unten am Seeufer ein schöner Badeplatz. Gerade zur rechten Zeit können wir uns hier in der herrlichen Bergwelt etwas ausruhen und Mitgebrachtes verzehren. Kurz vor dem Ende der Tour erreichen wir den Untersee, der sich als kleines Anhängsel des Eibsees nach Norden ausbreitet. Wir überqueren ihn an seiner schmalsten Stelle auf einer Brücke. Kurz darauf kommen wir wieder an unseren Ausgangspunkt zurück.

ABENTEUER IM NATURHOCHSEILGARTEN

Ausgerüstet mit Helm, Klettergurt, Sicherungsschlingen und Karabinern gilt es, Übungen in bis zu 17 Meter Höhe zu absolvieren. Mut und Schwindelfreiheit sind gefragt, doch keine Angst, man ist die ganze Zeit von geschulten Bergführern begleitet.
Weitere Infos gibt es im Eibsee-Hotel oder unter Tel.: 08821/9430314.

Der Eibsee ist rundherum von dichten Wäldern eingerahmt.

MIT DEM BOOT AUF DEM SEE UNTERWEGS

Direkt neben dem Eibsee-Pavillon können Tret- und Ruderboote ausgeliehen werden. Für größere Gruppen vermietet das Eibsee-Hotel ihr Motorboot »Reserl«.

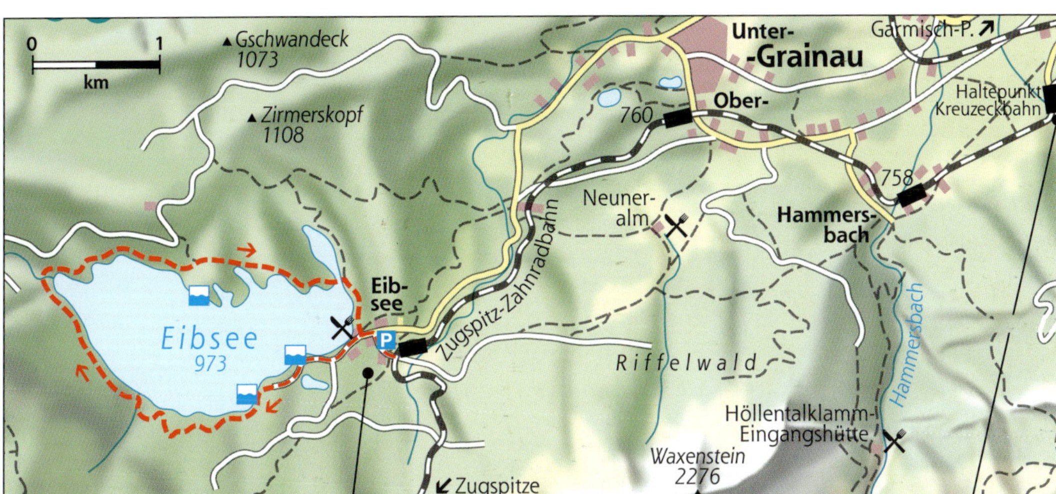

23 DAS PFRÜHLMOOS

Im Loisachtal

leicht | 8 km | 70 m | 2:30 Std.

Eschenlohe – Sieben Quellen – Wasserfall – Oberau

CHARAKTER
Einfach zu gehende Tour auf einem gut befestigten Güterweg; lediglich für das kurze Stück zum Wasserfall ist Trittsicherheit erforderlich.

AUSGANGSPUNKT
Bahnhof Eschenlohe

ENDPUNKT
Bahnhof Oberau

ANFAHRT
Mit der Bahn stündliche Verbindung auf der Strecke München–Garmisch-Partenkirchen mit Halt in Eschenlohe. Mit dem Auto nimmt man entweder von München die Autobahn A 95 nach Garmisch-Partenkirchen bis zur Ausfahrt Eschenlohe oder fährt aus Richtung Ulm über die Autobahn A 7 bis Kempten und dann weiter auf der Bundesstraße über Reutte/Tirol nach Oberau und von dort nach Eschenlohe.

RÜCKFAHRT
Stündliche Bahnverbindung zwischen Oberau und Eschenlohe mit Weiterfahrt nach München

GEHZEITEN
Eschenlohe – Sieben Quellen 30 Min., Wasserfall 1:30 Std., Oberau 30 Min.

KARTE
Kompass-Wanderkarte Nr. 07: Werdenfelser Land mit Zugspitze, 1:35 000

SPEZIELLE HINWEISE
Das kurze Stück zum Wasserfall ist mit dem Kinderwagen nicht zu begehen.

EINKEHR
Sowohl in Eschenlohe als auch in Oberau findet man mehrere Gasthäuser und Cafés. Unterwegs hingegen gibt es keine Einkehrmöglichkeit.

INFORMATION
Verkehrsamt, Murnauer Straße 1, 82438 Eschenlohe, Tel.: 08824/82 28, Fax: 08824/89 56, E-Mail: verkehrsamt@eschenlohe.de, Internet: www.eschenlohe.de

Die üppig blühende Moorlandschaft bei Eschenlohe strahlt viel Ruhe aus, während uns kurz vor Oberau ein tosender Wasserfall die Kraft des nassen Elements vorführt.

Typisch ländliches Dorf Vom Bahnhof in Eschenlohe halten wir uns links und erreichen über die Bahnhofstraße den Dorfplatz. Von dort überqueren wir die Loisach und biegen rechts in die Mühlstraße ein. Unterwegs kommen wir immer wieder an prächtigen Bauerngärten vorbei, in denen herrlich blühende Blumen und heranwachsendes Gemüse nach ganz bestimmten Regeln in unmittelbarer Nachbarschaft angepflanzt sind. Über die Römerstraße verlassen wir die sympathische Gemeinde mit ihrem ländlich-dörflichen Charakter.

Von Eschenlohe in das Pfrühlmoos Nach den letzten Häusern geht die Straße in einen gut befestigten Güterweg über, der für den Autoverkehr gesperrt ist. Wir wandern zunächst durch saftiggrüne Weiden, erreichen jedoch schon kurz darauf das Pfrühlmoos. Die Wiesen sind feucht und der Boden weich, sodass hier keine Tiere mehr weiden können. Dafür gedeihen unzählige Pflanzen auf dem moorigen Boden, darunter die hellgelbe Trollblume, der dreiblättrige Fieberklee, die dunkelrote Kuckucksblume sowie die dunkelblaue Schwertlilie. Am auffälligsten ist das Woll-

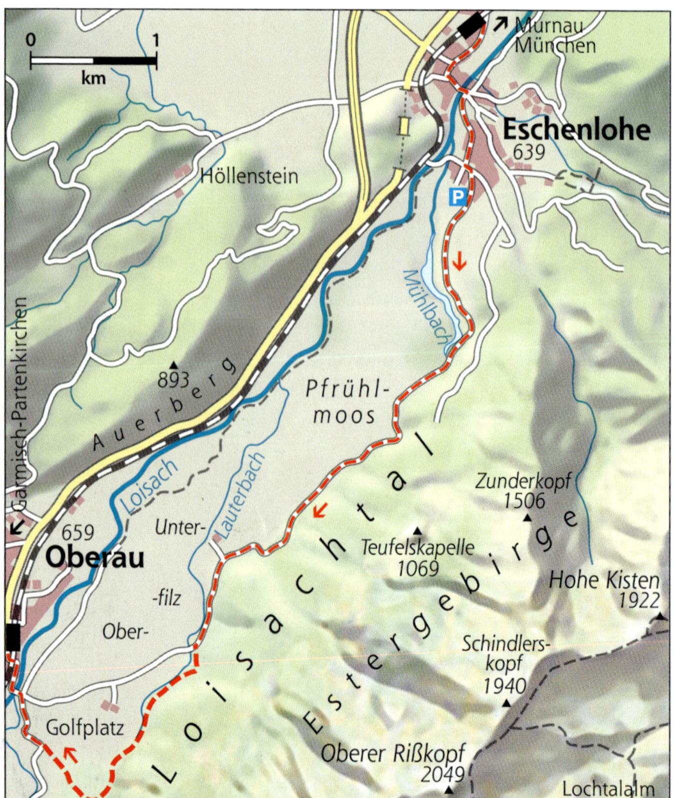

KRÄUTERWEIHE

Jedes Jahr zu Mariä Himmelfahrt tragen die Eschenloher Buben eine geschmückte Königskerze zur Weihe in die Kirche. Um die auch Wuler oder Wetterkerze genannte Kerze sind ganz bestimmte Frauenkräuter gebunden, etwa das Johanniskraut oder der Mooskolben. Die Kräuterbüschel werden anschließend im Speicher des Hauses aufgehängt und sollen vor Blitzschlag schützen.

Im Schilf am Pfrühlmoos halten sich gerne Singvögel auf.

gras, dessen Blüte sich ähnlich wie ein weichgrauer Wollknäuel im leichten Wind wiegt.

Die Sieben Quellen Auf der rechten Wegseite plätschert der Mühlbach, dessen Ursprung etwa 15 Min. weiter bei den Sieben Quellen liegt. An mehreren Stellen sprudelt links und rechts des Wegs das Wasser aus der Erde; landschaftlich am schönsten ist der große Quelltümpel auf der rechten Seite, auf den ein kleiner Steg hinausführt. Durch das klare Wasser ist der Grund schön zu sehen, während in der Mitte die Seerosen blühen. Der Rand ist komplett mit Schilfgras bewachsen, dahinter stehen vereinzelte Laubbäume und Büsche, während sich bei Windstille die Silhouette der Kramerspitze schön im Wasser spiegelt.

Die Wanderung führt nun einige Kilometer immer am Pfrühlmoos entlang. Auf der rechten Talseite können wir den Laberberg erkennen, links vom Weg beginnt gleich ein dichter Mischwald, der sich den Hang zur Teufelskapelle hinaufzieht. Noch ein Stück höher, bereits oberhalb der Baumgrenze, liegt der Obere Risskopf (2049 m), nach dem Krottenkopf die zweithöchste Erhebung des Estergebirges.

Die umliegenden Bäume spiegeln sich im ruhigen Wasser.

Bei den Sieben Quellen

Bewegte Geschichte Das Loisachtal war vor 2000 Jahren Teil des Handelswegs zwischen Augsburg und Venedig. Händler und Fuhrleute brachten Waren aus dem Orient in die Gebiete nördlich der Alpen und belieferten umgekehrt den Süden Europas mit Gütern aus dem Norden. Könige und Fürsten, aber auch Pilger zogen hindurch, und in Kriegszeiten nutzen Heerscharen den Durchlass. Das Land wurde beherrscht von den Grafen von Eschenlohe, die in einer Burg am südlichen Ortsrand auf einem Hügel residierten. Ihre Besitztümer reichten nach Süden weit über Partenkirchen und Mittenwald hinaus bis in das Ultental in Südtirol und Richtung Norden bis nach Murnau und zum Staffelsee. Noch weiter nördlich mischten sich ihre Besitzungen mit denen der Grafen von Andechs. Aufgrund von Übereinstimmung in den Wappen beider Grafengeschlechter wird vermutet, dass sie in verwandtschaftlicher Beziehung standen.
Graf Berthold III., der keine männlichen Nachkommen hatte, verkaufte im Jahre 1294 seine gesamten Besitzungen. Ein Teil davon, einschließlich Eschenlohe, wurde Eigentum des Hochstifts Augsburg. Die Besitzungen Partenkirchen und Mittenwald veräußerte er an den Bischof von Freising. Dafür verlangte er Silber im Wert von 1000 Mark sowie jährlich fünf Fuder Bozener Weines bis an sein Lebensende. Der Name des Eschenloher Grafengeschlechts ist nach dieser Zeit nicht mehr nachzuweisen; nach dem

BAUERNTHEATER

Die Vorstellungen der Theatergruppe des Volkstrachtenvereins Oberau enthalten viel Witz und Humor, aber auch Hintergründiges. Eine gute Möglichkeit, um bayerische Eigenheiten aus nächster Nähe kennen zu lernen. Die Aufführungen finden im Trachtenheim statt und werden mit Plakatanschlägen bekannt gegeben. Infos und Kartenvorverkauf im Verkehrsamt, Tel.: 08824/93973

In der Nähe der Sieben Quellen kommt man ganz nahe ans Pfühlmoos heran.

Verfall der Burg errichteten Ansiedler aus den Steinen des Burggemäuers ihre Häuser in Eschenlohe.

Der Nord-Süd-Transit durch die Alpen hat sich mittlerweile auch auf anderen Strecken verlagert. Trotzdem leidet insbesondere der Ort Oberau immer noch stark unter dem Durchgangsverkehr. Zu unserem Glück ist die dicht befahrene Bundesstraße wenigstens auf der Wanderung nicht zu hören.

Abkühlung im Lauterbach Schon in Sichtweite von Oberau erreichen wir den Lauterbach, der rechts neben dem Weg verläuft. Wer möchte, kann sich in dem klaren Wasser etwas erfrischen; an einigen Stellen gibt es bequeme Einstiegsmöglichkeiten zwischen den Büschen. In der Nähe des Golfplatzes folgen wir links der Beschilderung zum Wasserfall, den wir nach einem kurzen Anstieg erreichen. Wer trittsicher ist, kann das kurze Stück den Hang hinaufsteigen und so das Getöse aus nächster Nähe beobachten.

Vom Wasserfall gehen wir ein Stück zurück, durchqueren dann den Golfplatz und erreichen über eine asphaltierte Straße den Ort Oberau. Nach Überschreiten der Loisachbrücke und der anschließenden Bahngleise erreichen wir rechts den Bahnhof, von dem aus der Zug zurück nach Eschenlohe fährt.

Ein besonders schönes Exemplar des Knabenkrauts

24 AM STAFFELSEE

Nordische Seeidylle

mittel | 18 km | 20 m | 4 Std.

Uffing – Staffelsee – Murnau

CHARAKTER

Bei der abwechslungsreichen Streckentour wird der Staffelsee fast komplett umrundet. Von kurzen Asphaltpassagen in Uffing und am Westufer abgesehen, wandern wir wechselweise auf Pfaden und breiten Kieswegen. Zwischen Uffing und Murnau Natur pur für die wahren Genießer.

AUSGANGSPUNKT

Bahnhof Uffing

ENDPUNKT

Bahnhof Murnau

ANFAHRT

Mit der Deutschen Bundesbahn fast stündlich über Weilheim. Mit dem Auto ist die Anfahrt etwas komplizierter: A 95 Richtung Garmisch, Ausfahrt Sindelsdorf, weiter über die Orte Habach und Spatzenhausen zum Bahnhof Uffing.

RÜCKFAHRT

Murnau liegt auf der Zugstrecke Garmisch – München. Autofahrer nehmen den Zug eine Station bis zum Bahnhof Uffing; alternativ gelangt man mit dem Dampfer »Seehausen« (siehe Kasten) oder auf dem Staffelsee-Rundweg zurück zum Ausgangsort (zusätzlich 7 km und 1,5 Std.).

GEHZEITEN

Bahnhof Uffing – Strandbad Uffing 30 Min., Obernacher Moos 1:30 Std., Bahnhof Murnau 2 Std.

WEGWEISER

Staffelsee-Rundweg 1

KARTE

Kompass-Wanderkarte Nr. 7: Murnau – Kochel – Staffelsee, 1:50 000

EINKEHR

Wirtshaus Klosterstüberl, Fürstenfeld, Tel.: 08141/526819, Mo Ruhetag

INFORMATION

Verkehrsamt Murnau, Kohlgruber Str. 1, 82418 Murnau, Tel.: 08841/61410, Fax: 08841/3491, E-Mail: verkehrsamt@murnau.de, Internet: www.murnau.de

Schöne größere Badeseen gibt es in Oberbayern zur Genüge, doch nur wenige sind so naturbelassen wie der Staffelsee. Hier findet man einsame Uferpartien, die abseits der Zivilisation fast an eine nordische Seenlandschaft erinnern.

Von Uffing zum Staffelsee Am Uffinger Bahnhof halten wir uns südwärts, bevor es auf der Eglfinger Straße gen Westen in den Ortskern geht. Nach Passieren des Maibaums stoßen wir auf Höhe des Rathauses auf die Murnauer Straße: Hier links bis zum Gasthof Zum See, dann rechts in die Seestraße; weiter links auf der Kirchbergstraße über eine kleine Hügelkuppe direkt zum Staffelsee. Der Uferweg führt uns rechts zum Strandbad Uffing; weiter südlich endet die Fahrstraße an einem Bauernhof, an dem ein bildhübscher Pfau zu Hause ist. Der Weg steigt wenige Meter an und führt zu einer saftigen Weide mit einzeln stehenden prachtvollen Eichen.

In diesem Bereich gibt es zwischen dem Schilf einige hervorragende Badestellen mit Kiesstrand: Der flache Wasserpegel eignet sich bestens für Kleinkinder. Ein gutes Stück weit vom nächsten Autoparkplatz entfernt ist hier der Rummel nie sehr stark. Zudem zeigt sich der Staffelsee hier von seiner malerischsten Seite: So weit das Auge reicht, ist sein Ufer in sattes Baum- und Wiesengrün gebettet, kein Haus ist zu sehen und kein Auto zu hören. Diese in sich ruhende Landschaftsidylle erinnert an dünn besiedelte Teile Schwedens oder Norwegens ...

Flora und Fauna Dass wir immer tiefer in Moorgebiet eintauchen,

Der Staffelsee wird von zahlreichen Bachzuläufen gespeist.

Linke Seite: Zwischen Staffelsee und Eichenlaub sind Jochberg, Herzogstand und Heimgarten erkennbar.

Wollgras breitet sich vor allem am sumpfigen Westufer aus.

zeigt sich an der spezifischen Pflanzenwelt: Die Feuchtwiesen sind voll mit rosa blühendem Knabenkraut, gelben Trollblumen, den eleganten, jedoch vom Aussterben bedrohten blauen Schwertlilien und dem Lungenenzian. Im Schutz des Schilfs brüten seltene Zugvögel, darunter der große Brachvogel – Europas größter Watvogel –, erkennbar an seinem langen Bogenschnabel und dem melodischen Ruf. Er ernährt sich und seine Brut von Schnecken, Insekten, Fröschen und Beeren. Auch das Braunkehlchen findet an diesem Biotop Gefallen.

Da der Staffelsee an seinem südwestlichen Ausläufer moorig und schilfbestanden ist, entfernt sich unser Weg vorübergehend von seinem Ufer. Zwischendurch wandern wir sogar auf einer kleinen Teerstraße in die Gegenrichtung, um dann auf einem Kiesweg wieder die Kurve zu kratzen. Nach einer Kiefernwaldpassage gelangen wir durch das Obernacher Moos – ein großzügiges Moor- und Wiesenplateau mit reichlich Wollgras und kleinen Bachzuläufen – und über eine hügelige Waldzone an das Südufer des Staffelsees. In diesem Bereich findet die Kreuzotter ihr ideales Rückzugsgebiet. Wie gezielt die Giftschlange auf Menschen reagieren kann, musste eine Frau beim Baden erfahren: Ein Biss und ab ins Hospital …

Am Südufer nach Murnau Der breite Weg führt nun stets am Südufer entlang, an einigen schönen Bade- und Angelstellen vorbei nach Murnau. Am Seeende stoßen wir auf eine Teerstraße und wenig später auf eine Kreuzung: Hier geht es erst ein kurzes Stück Richtung Seehausen, dann

Neujahrsspaziergang am Staffelsee – schöner kann ein neues Jahr kaum beginnen.

Viermal täglich schippert das Ausflugsboot Seehausen um die sieben Inseln des Staffelsees.

rechts am Minigolfplatz vorbei, den Wiesenhang empor und durch die Bahnunterführung schließlich zum Bahnhof.

Aus dem Blickwinkel von Gabriele Münter Wer noch Zeit und Muße hat, dem sei vor der Rückfahrt noch ein Besuch des sehenswerten Murnauer Schlossmuseums (Schlosshof 4–5, Tel.: 08841/476207, täglich außer Mo 10–17 Uhr, Juli bis September Sa/So bis 18 Uhr, Eintritt Erwachsene 3,50 Euro, Kinder bis zu 2 Euro) ans Herz gelegt . Denn dort sind über 70 Gemälde, Zeichnungen und Grafiken Gabriele Münters aus den Jahren 1902 bis 1958 ausgestellt. Ihre Arbeiten zeigen die malerische Landschaft rund um Murnau aus den verschiedensten Blickwinkeln; fast kommen sie einer Liebeserklärung an ihre Heimat gleich. Neben den Dauerausstellungen – außerdem: »Der Blaue Reiter«, Ödön von Horváth, Murnauer Landschaft/Murnauer Moos, Handel und Gewerbe, Federblumen und Hinterglasmalerei, Sammlung Udo Dammert, Murnauer Schloss und Malerei des 19. Jh. – gibt es übrigens immer wieder Sonderausstellungen.
Als 25-jährige Kunststudentin lernte Gabriele Münter (1877–1962) Wassily Kandinsky kennen und unternahm mit ihm mehrere Studienreisen. Diese Bekanntschaft sollte ihre künstlerische und persönliche Zukunft entscheidend prägen. 1908 entdecken beide im Sommer ihre Liebe für Murnau und den Staffelsee. Die weite klare Landschaft, die Straßenzüge und die Gebäude des Ortes und Motive des alltäglichen Lebens wurden auf einfache Grundformen reduziert; dazu die leuchtende und kontrastreiche Farbenwahl mit den typischen dunklen Umrisslinien. Obwohl sie Murnau immer wieder den Rücken zuwandte, zog es die bescheiden lebende Künstlerin gerade kurz vor ihrem Tod immer wieder dorthin zurück.
Originalmöbel, Erinnerungsstücke und weitere Bilder von Münter und Kandinsky sind im gelb getünchten Münter-Haus (Kottmüllerstr. 6, täglich außer Mo 14–17 Uhr) zu besichtigen.

LUST AUF EINE KLEINE BOOTSPARTIE?

Seehausen (2 km nördlich von Murnau) ist das Zentrum des Wassersports am Staffelsee. Hier kann man je nach Lust und Laune mit dem Ruder-, Tret- oder Elektroboot über den See kurven und zum Beispiel die Insel Buchenau ansteuern. Die Elektroboote sind an schönen Sommertagen rasch vergriffen, doch die eigene Muskelkraft wird dafür mit günstigeren Stundentarifen belohnt. Alternativ geht man beim Ausflugsschiff »Seehausen« an Bord und startet eine Seerundfahrt um die sieben kleinen Inseln (Abfahrt viermal täglich).

25 DIE ISARAUEN

Unterwegs im Naturschutzgebiet

mittel | 10 km | 60 m | 3 Std.

Wanderparkplatz Abzweigung Lochen – Aussichtspunkt Schuss – Jugendsiedlung Hochland – Wanderparkplatz

CHARAKTER

Zunächst gut befestigter Wanderweg am Isarufer, der nach etwa 3 km in einen Trampelpfad übergeht. Nach einem kurzen Anstieg über Treppenstufen zum Aussichtspunkt folgt ein längeres Stück auf einem Waldweg zur Jugendsiedlung Hochland. Abschließend geht es auf dem ursprünglichen Wanderweg zurück.

AUSGANGS-/ENDPUNKT

Wanderparkplatz an der Landstraße Königsdorf–Bad Tölz in der Nähe der Bushaltestelle Lochen

ANFAHRT

Mehrmals täglich Busverbindung mit der Linie 371 zwischen Wolfratshausen und Bad Tölz; die Haltestelle heißt Abzweigung Lochen. Mit dem Auto fährt man auf der B 11 von Wolfratshausen über Geretsried nach Königsdorf und biegt dort links Richtung Bad Tölz ab. Nach etwa 3,5 km liegt linker Hand der Wanderparkplatz.

GEHZEITEN

Wanderparkplatz Abzweigung Lochen – Aussichtspunkt Schuss 1:30 Std., Jugendsiedlung Hochland 45 Min., Wanderparkplatz 45 Min.

KARTE

Kompass-Wanderkarte Nr. 180: Starnberger-/Ammersee, 1:50000

SPEZIELLE HINWEISE

Die Wanderung ist auch im Winter sehr gut zu machen.

EINKEHR

Unterwegs keine Einkehrmöglichkeiten

INFORMATION

Stadtverwaltung, Hauptstr. 54, 82549 Königsdorf, Tel.: 08179/93120, Fax: 08179/931222; Stadtverwaltung, Karl-Lederer-Platz 1, 82538 Geretsried, Tel.: 08171/62980, Fax: 08171/62290, E-Mail: Stadtverwaltung@geretsried.de, Internet: www.geretsried.de

Südlich von Bad Tölz können wir eine noch weitgehend intakte Wildflusslandschaft erleben, die nach jedem Hochwasser ihr Bild ändert.

Lebendige Wildflusslandschaft Aus geologischer Sicht ist die Isar noch extrem jung – ihre Geschichte begann gerade mal vor 12000 Jahren. In dieser Zeit hat der größte bayerische Fluss eine fantastische Flusslandschaft geschaffen, die einzigartig ist. Links und rechts des Gewässers sind weite Auen entstanden, durch die man sich an vielen Stellen erst einmal durchkämpfen muss, um das von Kies- und Sandbänken gesäumte Ufer zu erreichen. Doch damit nicht genug: Nach der großen Schneeschmelze in den Bergen veränderte der Fluss jedes Jahr seinen Lauf, schwemmte Büsche und Bäume weg und verlagerte die Kiesbänke oft um Hunderte von Metern.

Bedingt durch die große Wasserentnahme im Oberlauf sowie aufgrund verschiedener Flussregulierungen und Uferbefestigungen hat die Isar viel von ihrer ursprünglichen Dynamik verloren. Inzwischen wurden einige dieser Maßnahmen rückgängig gemacht, sodass wenigstens von Bad Tölz bis zur Pupplinger Au wieder annähernd eine Wildflusslandschaft entstehen konnte. Diese gilt es auf dieser Wanderung zu erkunden.

Die Isar abwärts Wer mit dem Auto kommt, geht zunächst auf einem schmalen Weg ein kurzes Stück oberhalb der Isar flussabwärts, bis er rechts hinunter zum Fluss kommt. Von der etwas südlich liegenden Bushaltestelle überquert man vorsichtig die Autostraße und steigt dann auf der gegenüberliegenden Seite die Böschung zur Isar hinab. In beiden Fällen wandern wir auf dem breiten Uferweg in nördlicher Richtung am Wasser entlang. Links im Gebüsch steht alle 200 Meter eine Tafel mit den so genannten Flusskilometern – die Beschriftung »193,4« bedeutet beispielsweise, dass die Isar bis zu ihrer Mündung in die Donau noch 193,4 Kilometer zurücklegen wird.

Pflanzliche Vielfalt Bald können wir links und rechts am Wegesrand die faszinierende Vielfalt der wilden Orchideen betrachten, beispielsweise das violette Knabenkraut, den gelben Frauenschuh oder die verschiedenen Ragwurzarten. Die Ragwurz gilt als Sexualtäuschblume und stellt damit eine biologische Besonderheit dar: Die Form ihrer Blüte ahmt täuschend echt ein Insektenweibchen nach; gleichzeitig ziehen Blütenduftstoffe das paarungswillige Männchen an. Bis dieses dann beim Berühren der Blüte den Schwindel bemerkt, hat es bereits die Bestäubung der Blüte erledigt.
Im weiteren Verlauf des Wegs finden wir immer wieder Stellen, an denen wir zu den Kiesbänken der Isar hinabsteigen können, um eine gemütliche Ruhepause einzulegen und dem Plätschern des Wassers zu lauschen. Ab 2004 soll das Isarwasser wieder Badequalität haben, nachdem alle Orte an der Isar ihre Kläranlagen entsprechend ausgebaut haben. Im Wasser selbst werden wir nur mit etwas Glück einen Fisch sehen können. Das liegt daran, dass nur wenige Fischarten die hohe Fließgeschwindigkeit mögen, darunter zum Beispiel die Äsche und in ganz seltenen Fällen noch der Königsfisch im Süßwasser, der Huchen.

Gemütlicher Rastplatz auf einer Kiesbank

Flusslandschaft im ständigen Wandel Nach etwa 3 Kilometer Wegstrecke führt der befestigte Weg in einem weiten Bogen von der Isar weg. Wir hingegen bleiben weiterhin am Wasser und folgen einem schmalen Trampelpfad, der direkt am Ufer entlang weiter flussabwärts führt und erreichen jetzt den landschaftlich schönsten Teil der Isar, der noch weitgehend unberührt ist.
Manchmal liegen beide Ufer eng beieinander, sodass eine starke Strömung entsteht; an anderen Stellen finden wir Kiesbänke, an denen der Fluss nur knietief ist. Nach jedem Hochwasser verändert sich das Bild et-

Die Isar bietet sich auch zum Bootfahren an.

DIE JUGENDSIEDLUNG HOCHLAND

Auf dem Gelände der ehemaligen »Oberen Rothmühle« bietet die Jugendsiedlung Hochland Veranstaltungen für Kinder und Jugendliche in den Isarauen. Dabei werden Kenntnisse über ökologische Zusammenhänge und die bewusste sinnliche Wahrnehmung der Natur vermittelt. Das Naturerlebnis steht dabei grundsätzlich im Vordergrund. Weitere Informationen unter Tel.: 08041/76980, Fax: 08041/769820, E-Mail: info@jugendsiedlung-hochland.de, Internet: www.jugendsiedlung-hochland.de

was. Oft werden ganze Uferstücke samt den Büschen weggeschwemmt, an anderer Stelle entstehen neue Kiesbänke. Im darauf folgenden Jahr stellt sich auf einer neuen Kiesbank erster Bewuchs in Form von gelb blühendem Habichtskraut ein, später folgen Silberwurz und Thymian. Bleibt die Landschaft unverändert, stellen sich in den folgenden Jahren Weiden- und Tamariskenbüsche ein. Kiefernbäume hingegen finden wir nur weiter vom Fluss entfernt an Stellen, die schon seit Jahrzehnten von keiner Überschwemmung mehr erreicht worden sind.

Das Ganze von oben Wir bleiben immer auf dem Trampelpfad durch das Unterholz, folgen dann bei der Tafel »190« links einem ausgetrockneten Bachbett und steigen bei »189,6« links auf einem Treppensteig die steile Uferböschung hinauf. Oben angekommen, stehen wir an einem Aussichtspunkt und haben einen schönen Blick auf die eben durchwanderte Flusslandschaft. An Tagen mit guter Fernsicht können wir dahinter die Gipfel der bayerischen Voralpen sowie des Wettersteingebirges gut erkennen.

Wir folgen nun dem Forstweg in südlicher Richtung und kommen leicht abschüssig zur Jugendsiedlung Hochland. Leider gibt es hier keine Einkehrmöglichkeit. Wer sich jedoch für die Jugendarbeit interessiert, kann sich dort gerne informieren. Wir gehen ein kurzes Stück auf der Teerstraße von der Jugendsiedlung weg und kommen dann links über einen schmalen Pfad zur Isar hinunter und erreichen dort wieder den Weg, den wir anfangs gekommen sind und den wir jetzt zum Ausgangspunkt zurück nehmen.

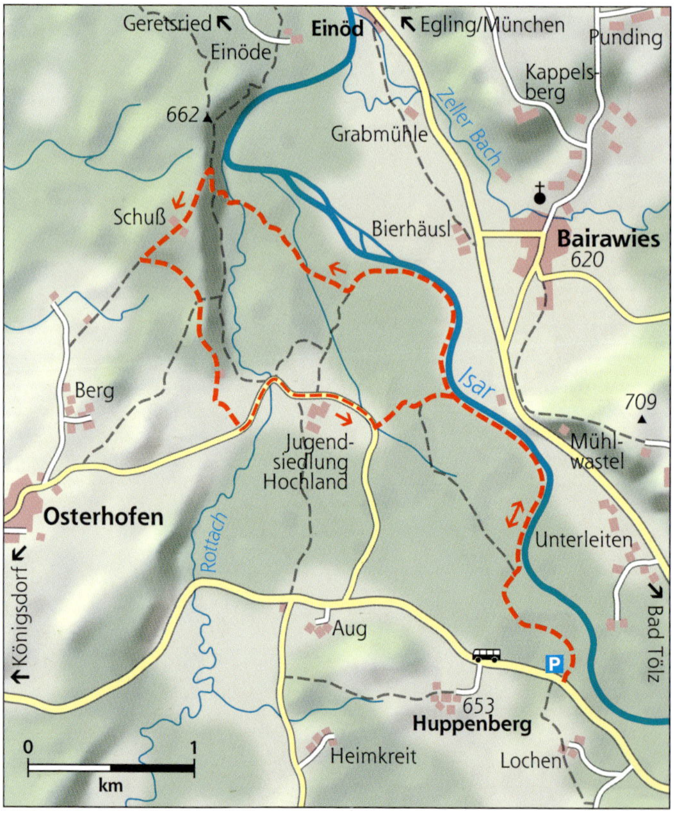

Durch die starke Strömung sieht das Flussbett der Isar nach jedem Hochwasser anders aus.

26 AN DER ISAR ENTLANG

Von Höllriegelskreuth nach Kloster Schäftlarn

mittel | 22 km | 150 m | 5:45 Std.

Höllriegelskreuth – Schäftlarn – Grünwald – Höllriegelskreuth

CHARAKTER

Relativ lange Rundtour zwischen der Grünwalder Brücke und Kloster Schäftlarn, zumeist auf Forstwegen, zum Teil jedoch auch auf wurzelreichen Waldpfaden und Teerbelag. Die Tour verläuft meist im Wald und empfiehlt sich somit auch bei heißem Wetter, zumal drei Biergärten und einzelne Badestellen auf der Strecke liegen.

AUSGANGS- UND ENDPUNKT

S-Bahnhof Höllriegelskreuth

ANFAHRT

Mit der S 7 von München nach Höllriegelskreuth (Richtung Wolfratshausen), mit dem Auto auf der B 11 Richtung Wolfratshausen und von dort Richtung Grünwald abzweigen (Parkplatz am Bahnhof)

GEHZEITEN

Höllriegelskreuth – Georgenstein 40 Min., Gasthaus Zum Bruckenfischer 2 Std., Mühltal 30 Min. Grünwald 2 Std., Höllriegelskreuth 30 Min.

WEGWEISER

Auf weiten Strecken gelber Richtungspfeil

KARTE

Kompass-Wanderkarte Nr. 180: Starnberger-/Ammersee, 1:50 000

EINKEHR

Gaststätte Brückenwirt, An der Grünwalder Brücke, Tel.: 089/79 30 1 67, täglich geöffnet; Gasthaus Zum Bruckenfischer, Dürnstein 1 (bei Kloster Schäftlarn), Tel.: 08178/36 35, täglich geöffnet; Gasthaus zur Mühle, Mühltal 10, Tel.: 08178/99 80 71, Mo Ruhetag

INFORMATION

Gemeinde Grünwald, Rathausstraße 3, 82031 Grünwald, Tel.: 089/64 16 20, Fax: 089/64 16 21 02

Auf Höhe des Georgensteins zeigt sich das Isartal von seiner schönsten Seite.

Vor den Toren Münchens zeigt sich die Isar am Georgenstein von ihrer romantischsten und wildesten Seite. Grund genug, diesen schönen Abschnitt an beiden Flussufern zu durchwandern. Auf Höhe der beiden Wendepunkte können Kulturinteressierte noch einen Abstecher zum Kloster Schäftlarn und zur Grünwalder Burg unternehmen.

Vom S-Bahnhof zum Georgenstein Vom Bahnhof Höllriegelskreuth 200 Meter entlang der Straße Richtung Osten, dann links über die Fußgängerbrücke zum Isarhochufer; dort rechts den Treppensteig zur Grünwalder Brücke absteigen. Im Isartal angekommen, überqueren wir die Straße und wandern an der Gaststätte Brückenwirt vorbei südwärts an der Isar entlang zum Grünwalder Stauwehr. Noch vor dem Stauwehr zweigt rechts ein Weg ab (grünes Schild Georgenstein, Klettergarten).

Zum Klettergarten geht es nach 300 Metern rechts ab und wir gelangen auf breitem Weg in leichtem Auf und Ab aus dem Wald heraus zum Georgenstein. Das Flussbett der Isar ist an dieser Stelle relativ breit; Floßfahrer müssen hier vor den tückischen Kehrströmungen auf der Hut sein. Wanderer werden vor unbedarften Badeeinheiten und Tauchgängen gewarnt. Zwischen den Wasserströmen bilden sich kleine Inseln aus Kies, Sand und Schwemmholz, die sich nach jedem Unwetter jedoch wieder verschieben. Über dieser bildschönen Flusslandschaft wacht der imposante Georgenstein am gegenüberliegenden Ufer.

Vom Georgenstein zum Bruckenfischer Es folgt eine abwechslungsreiche Wegpassage durch Buchenwald, auf der wir die Isar meist aus den Augen verlieren. Dafür queren wir einzelne Quellbäche und Waldtümpel, die dem Hobbyfotografen reizvolle Motive bieten. Ab und zu fährt ein Mountainbiker über die wellige Schotterstrecke an uns vorbei. An zwei Weggabelungen halten wir uns links (gelbe Pfeile beachten).
Schließlich queren wir auf einem schönen Pfad eine Bachschlucht und schlüpfen unter vereinzelt quer liegenden Baumstämmen hindurch zurück zum Forstweg. Nach einer Waldsenke an der Weggabelung links zu einem Anwesen hinabsteigen und dahinter über eine Holzbrücke zum Isardamm queren. Rechts taucht das Kloster Schäftlarn auf. Wir wandern geradeaus zur Isarbrücke und der beliebten Einkehr Bruckenfischer mit schattigem Biergarten zwischen Kanal und Fluss.

Das Blätterdach des Buchenwalds lässt nur wenige Sonnenstrahlen hindurch.

Kochpicknick auf der Isarkiesbank Unterhalb des Biergartens breiten sich einladende Kiesbänke am Isarwasser aus. Hier treffen sich bei warmem Wetter viele Ausflügler zum Sonnenbaden und Grillen. Mit entsprechender Ausrüstung kann sich die Kochfantasie frei entfalten. Die Lust am selbst zubereiteten Menü unter freiem Himmel ist bei vielen ungebrochen. Direkt am Wasser ein schmackhaftes Ratatouille vorzubereiten, dazu knackige Würstel zu grillen und sich vielleicht vom Bruckenfischer noch ein frisches Bier anzapfen zu lassen – schöner lässt sich eine Mittagspause kaum gestalten. Wer den Grill nicht extra mitschleppen will, kann natürlich ersatzweise mit einem leichten Gaskocher einfache Speisen wie Suppen oder Nudeln zubereiten und so auch ein warmes Essen genießen.

Auf der winterlichen Isar lassen sich die Schwäne treiben.

Vom Bruckenfischer zum Gasthaus Zur Mühle Nach der ausgiebigen Rast am Bruckenfischer kehren Kraft und Energie für den relativ langen Rückmarsch zurück. Die zweite Isarbrücke liegt knapp oberhalb der Wirtschaft und wird nicht überquert. Schöner als der Teerweg am anderen Ufer ist der Dammweg, der stets am Kanal entlang zum Gasthaus Zur Mühle führt.

Das Wasserkraftwerk Mühltal wurde 1924 errichtet, ist das größte der Isar-Amperwerke und steht zudem unter Naturschutz. Der hier erzeugte Strom deckt den gesamten Jahresbedarf der Gemeinden Baierbrunn, Schäftlarn, Icking, Straßlach und Grünwald. Die Floßgasse ist immerhin 345 Meter lang und somit die längste ganz Europas. Die Floße erreichen hier rund 40 km/h; für Paddler und Schlauchboote ist diese Durchfahrt zu gefährlich. Hinter der Floßgasse liegt der abgelegene Biergarten.

Am Isarostufer nach Grünwald Hinter dem Biergarten führt links ein Weg direkt am Kanal entlang weiter in Richtung Norden. Am Sackgassenschild rechts den erdigen Pfad hinauf, der auf einen Kiesweg führt. Weiter durch den Wald bis zu einer Weggabelung, an der Mountainbiker auf einem Warnschild dazu aufgefordert werden, der Umwelt zuliebe die rechte Variante zu fahren. Gut für uns Fußgänger, denn die linke Variante führt direkt an das Georgensteinufer und weiter über einen sehr schönen Wurzelpfad über mehrere kleine Holzstege in Richtung Grünwald. Am Georgenstein

Grilleinheit am Bruckenfischer

Herbstimpression am Isarufer: Gelbe Ahornblätter gegen tiefblaues Wasser.

kann man an geeigneter Stelle ins relativ tiefe Wasser hüpfen, doch wieder gilt es auf die Strömung zu achten.

Der Wurzelsteig geht in einen breiten Fahrweg über. Im Siedlungsgebiet nehmen wir auf dem Teerweg den Aufstieg zum Grünwalder Marktplatz. An der Straßenkreuzung links abbiegen und vor dem Isarabhang wieder rechts zur Grünwalder Burg. Hinter der Burg führt ein Steig in das Isartal. Hier links zur Grünwalder Brücke und auf ihr über den Brückenwirt auf bekannter Route zum Ausgangsort zurück.

Warnschilder sollten ernst genommen werden.

GRÜNWALDER BURG

Die gut erhaltene Grünwalder Burg thront hoch über dem Isartal. Von ihrer obersten Plattform genießt man einen prächtigen Rundblick auf München, das Isartal und die Alpenkette. Im viereckigen Burgturm ist die Geschichte der Burg seit dem 15. Jh. dokumentiert. Im Ostflügel der Anlage befindet sich ein Zweigmuseum der Archäologischen Staatssammlung München mit jährlich wechselnden Sonderausstellungen. Grünwalder Burg, Tel.: 089/6413218, geöffnet 15. März bis 30. Nov. Mi–So 10–16.30 Uhr

27 RUND UM DIE OSTERSEEN

Südlich des Starnberger Sees

leicht | 8 km | 20 m | 2:45 Std.

Bahnhof Staltach – Iffeldorf – Lauterbacher Mühle – Fohnsee – Iffeldorf – Bahnhof Staltach

CHARAKTER

Man geht fast ausschließlich auf gut befestigten Wanderwegen ohne nennenswerte Steigungen und Abstiege, lediglich ein kurzes Stück führt über einen Wurzelsteig.

AUSGANGS-/ENDPUNKT

Bahnhof Staltach

ANFAHRT

Stündliche Bahnverbindung auf der Strecke München–Starnberg–Tutzing–Kochel mit Halt in Staltach. Mit dem Auto fährt man auf der A 95 München–Garmisch-Partenkirchen bis zur Ausfahrt Seeshaupt und von dort weiter auf der Landstraße nach Iffeldorf. Sowohl beim Bahnhof Staltach als auch in Iffeldorf gibt es ausgeschilderte Parkplätze.

GEHZEITEN

Bahnhof Staltach – Iffeldorf 20 Min., Lauterbacher Mühle 1 Std., Fohnsee 1 Std., Iffeldorf 10 Min. Bahnhof Staltach 15 Min.

WEGWEISER

Wanderweg Nr. 7

KARTE

Kompass-Wanderkarte Nr. 180: Starnberger-/Ammersee, 1:50 000

SPEZIELLE HINWEISE

Die Wanderung ist zu allen Jahreszeiten zu empfehlen. Im Sommer kann am Fohnsee auf einem Campingplatz übernachtet werden.

EINKEHR

Fohnsee-Stüberl am Fohnsee, Terrasse, mediterrane Küche, Di Ruhetag, Tel.: 08856/2786; mehrere Restaurants in Iffeldorf

INFORMATION

Gemeindeverwaltung, Hofmark 9, 82393 Iffeldorf, Tel.: 08856/928650, Fax: 08856/82222, E-Mail: gemeinde@iffeldorf.de, Internet: www.iffeldorf.de

Pferdeweide am Rand des großen Ostersees

Moore, Streuwiesen und Wälder kennzeichnen das Gebiet rund um die 19 Osterseen, die wie glitzernde Perlen einer Kette aneinander gereiht sind.

Von Verlandung verschont Die Osterseen sind beim Rückgang der letzten Eiszeit vor rund 12 000 Jahren entstanden. Aus so genanntem Toteis, das an Ort und Stelle abgeschmolzen ist, hat sich in trichterförmigen Becken Wasser gesammelt. Der Wasserstand der Osterseen hat sich bis heute gehalten, da unterirdisch immer wieder Wasser nachsickert. Weil so gut wie keine Bäche in die Gewässer hineinfließen, bleiben sie von einer Verlandung durch Schlammpartikel verschont.

Vom Bahnhof Staltach nach Iffeldorf Wir beginnen die Rundwanderung am Bahnhof Staltach. Wer mit dem Auto kommt, kann auch den großen Parkplatz in Iffeldorf ansteuern. Vom Bahnhof geht es links auf die Staltacher Straße, der wir ins Zentrum von Iffeldorf folgen. Bei der Bank geht es halb rechts auf die Osterseenstraße; im Anschluss daran kommen wir rechts über die Hofmark zur Kirche mit dem St.-Vitius-Platz. Unmittelbar von diesem Platz führt ein schmaler Weg – der Fischersteig – aus dem Ort in Richtung Großer Ostersee. Rechter Hand sehen wir hinter den Wiesen gleich die ersten fünf Osterseen: bei der Kirche angefangen mit dem Waschsee, gefolgt von Schilfhüttensee, Sengsee und Wolfelsee. Den Ab-

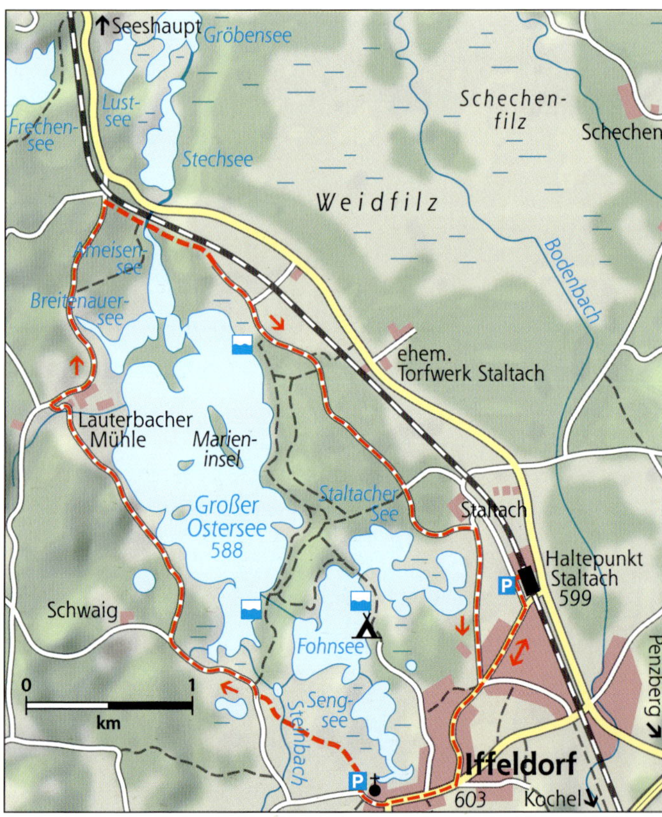

Der größte der 19 Osterseen wird komplett umrundet.

schluss bildet der deutlich größere Fohnsee, den wir am Ende dieser Tour aus der entgegengesetzten Richtung erreichen werden.

Den Großen Ostersee umrunden Doch zunächst steuern wir auf den Großen Ostersee zu, der weithin sichtbar direkt vor uns liegt. Der gut begehbare Wanderweg führt am linken Ufer entlang in Richtung Norden, abwechselnd kommen wir durch Wiesen, Weiden und Mischwald. Im Bereich der Privatklinik »Lauterbachmühle« haben wir bereits das Ende des Großen Ostersees erreicht, der hier in den Westlichen und Östlichen Breitenauersee sowie den Ameisensee übergeht. Hier können wir das Entstehen eines so genannten Niedermoors beobachten. Dabei lagern sich laufend die abgestorbenen Reste des Schilfs und unter Wasser wachsender Pflanzen auf dem Boden des flachen Sees ab und reduzieren die ohnehin geringe Wassertiefe von Jahr zu Jahr. Der See wächst dadurch langsam zur Mitte hin zu. Im verlandeten, aber feuchten Uferbereich siedeln sich bunt blühende Orchideenarten sowie Mehlprimeln, Sumpfherzblatt und Fieberklee an.

Wir umrunden den Ameisensee und wandern ab seinem nördlichsten Ufer ein kurzes Stück an der Bahnlinie entlang. Über die Wiesen hinweg können wir von oben bereits den ersten großen Badeplatz ausmachen, der am Nordwestufer des Großen Ostersees liegt. Er bietet sich für eine willkommene Pause geradezu an.

Von dem etwas erhöht liegenden Wanderwege aus können wir den großen Ostersee sehr gut überblicken. Aus den Berichten der Naturforscher wissen wir, dass hauptsächlich die südlich gelegenen Osterseen durch unterirdische Quellen gespeist werden, durch die das Grundwasser in die Seen gelangt. Weil alle 19 Osterseen miteinander verbunden sind, strömt das Wasser im Lauf der Zeit Richtung Norden und gelangt vom Großen Ostersee weiter über Stechsee, Gröbensee und Lustsee, Gartensee sowie Ursee bis in den Starnberger See. Leider können die zwischen dem Großen Ostersee und dem Starnberger See gelegenen kleinen Gewässer, die

DIE LIMNOLOGISCHE STATION

Die Limnologie befasst sich mit der Struktur sowie dem Stoff- und Energiehaushalt der Binnengewässer. Es werden die komplexen ökologischen Zusammenhänge und Interaktionen verschiedenster Gewässerorganismen mit ihrer abiotischen Umwelt erforscht. Die Limnologische Station der Technischen Universität München ist in Iffeldorf im Gebäude des ehemaligen Gasthofs »Zur Post« untergebracht, und natürlich werden auch die Osterseen erforscht.

Ausführliche Informationen zu den Forschungsarbeiten gibt es unter www.limno.biologie.tu-muenchen.de.

auch Ostersee-Filz genannt werden, zu Fuß nicht erkundet werden, da die ganze Gegend in einem Moorgebiet liegt und deshalb nicht betreten werden kann.

Zurück Richtung Süden Die Rundwanderung führt nun exakt Richtung Süden; rechter Hand haben wir einen schönen Blick auf die Marieninsel, die aus Geröll und Sand entstanden ist, das sich in einem Gletschertunnel gesammelt hat. Nach einem kurzen Stück durch den Wald erreichen wir eine Kreuzung, an der unser Weg geradeaus weiterführt. Wir sollten es dennoch nicht versäumen, von hier etwa 1 Kilometer nach rechts zu gehen, denn hier liegt ein weiterer schöner Badeplatz.

Abstecher zum Fohnsee Kurz darauf kommen wir an den Fohnsee, an dessen Ostufer Einkehrmöglichkeit im Fohnsee-Stüberl besteht. Hier können wir auch im See baden. Zurück nach Iffeldorf nehmen wir dann die Asphaltstraße, von der aus nochmals ein schöner Ausblick auf die eingangs genannten fünf ersten Osterseen besteht, nur diesmal von der anderen Seite. Von hier oben ist sehr schön zu erkennen, wie die einzelnen Seen miteinander verbunden sind.
In Iffeldorf angekommen, führt links die Osterseenstraße zum Autoparkplatz zurück, während diejenigen, die mit der Bahn gekommen sind, wieder links die Staltacher Straße nehmen und zum Bahnhof zurückgehen.

EISZEITPFLANZEN UND -GETIER

Der Arbeitskreis »Natur und Landschaft« der Agenda 21 in Iffeldorf hat eine sehr informative Broschüre über die Osterseen herausgebracht. Sie ist kostenlos in der Gemeindeverwaltung erhältlich und kann auch im Internet unter www.iffeldorf.de/agenda21/index.htm am Bildschirm betrachtet werden.

Badesteg in der Nähe des Campingplatzes

28 DEIXLFURTER SEEN UND STARNBERGER SEE

Acht Weiher und ein großer See

mittel | 15 km | 180 m | 4 Std.

Tutzing – Deixlfurter Seen – Possenhofen

CHARAKTER
Zunächst wandern wir von Tutzing in weitem Bogen über die Deixlfurter Seenplatte zum Starnberger See – vom wurzelreichen Steig in der Waldschmidtschlucht abgesehen stets auf breiten Teer- und Forstwegen. Der schattige und bequeme Uferweg am Starnberger See führt größtenteils durch den schönen Feldafinger Park.

AUSGANGSPUNKT
Bahnhof Tutzing

ENDPUNKT
Bahnhof Possenhofen

ANFAHRT
Mit der S 6 von München (alle 20 Min.) oder mit dem Auto von München auf der A 952 über Starnberg.

RÜCKFAHRT
Vom Possenhofener Bahnhof verkehren alle 20 Min. S-Bahnen Richtung München und Tutzing.

GEHZEITEN
Bahnhof Tutzing – Deixlfurter Weiher 1:30 Std., Einstieg Waldschmidtschlucht 45 Min., Strandbad Tutzing 30 Min., Park Feldafing 15 Min., Bahnhof Possenhofen 1 Std.

KARTE
Kompass-Wanderkarte Nr. 180: Starnberger-/Ammersee, 1:50000

SPEZIELLE HINWEISE
Kinderwagengeeignet ist nur der Weg am Starnberger See.

EINKEHR
Restaurant Schiffsglocke, Dampfersteg, Possenhofen, Tel.: 08157/997247, täglich geöffnet mit durchgehend warmer Küche; Einkehr in den Strandbädern Tutzing und Feldafing.

INFORMATION
Tourismusverband Starnberger Fünf-Seen-Land, Wittelsbacher Str. 2 c, 82319 Starnberg, Tel.: 08151/90600, Fax: 906090, E-Mail: tourist-info@starnberger-fuenf-seen-land.de, Internet: www.starnberger-fuenf-seen-land.de

Obwohl nur ein paar Katzensprünge von Tutzing entfernt, sind die malerisch gelegenen Deixlfurter Seen bei den meisten weitgehend unbekannt. Grund genug, den acht Weihern vor der erholsamen Uferwanderung am Starnberger See einen Besuch abzustatten.

Von Tutzing zum Deixlfurter Weiher Vom Bahnhof wandern wir auf dem Schönmoosweg entlang der Gleise abwärts, biegen rechts in die Lindmannstraße (Wegweiser »Ilkahöhe«) und hinter der Unterführung in die Monatshausener Straße. Diese wenig befahrene Teerstraße führt uns aufwärts in den Wald. Am Waldparkplatz auf der Anhöhe geht es rechts auf einem schönen Waldweg (Wanderweg 8) über Traubling zur Deixlfurter Seenplatte, die insgesamt aus acht mehr oder minder großen Weihern besteht. Zwar eignet sich das trübe Wasser nicht zum Baden, doch die reizvolle Landschaft mit zahlreichen Vögeln zieht den Betrachter in seinen Bann.
Unsere Route führt links zwischen dem kleinen zentralen Weiher und dem Langer Weiher hindurch. An einer auffälligen Wegbiegung zweigen wir rechts ab und wandern am Golfplatz vorbei an das nördliche Ende des Langer Weihers. Schließlich stößt der breite Weg auf den Kreisradwanderweg, der uns rechts durch eine Bachsenke aus dem Wald herausführt. Noch auf der Anhöhe zweigt links ein Pfad zur Waldschmidtschlucht ab.

Durch die Waldschmidtschlucht zum Starnberger See Dieser Pfad verläuft eine Zeit lang am oberen Rand der Schlucht, bevor er über Stufen in das Bachbett hinabführt. Am schönsten ist die Schlucht im Frühling, wenn der Bach in der Regel mehr Wasser führt und Blumen wie der Ler-

Schöne Ausblicke am Deixlfurter See

chensporn ihre bunten Blütenteppiche ausbreiten. An heißen Sommertagen ist die Schlucht schattig und kühl. Nun blühen Gelber Eisenhut und Geißbart, Haingilbweiderich, Waldlabkraut und Hasenlattich, daneben sprießen Farn, Schachtelhalm und Springkraut, in den Quellsümpfen wuchert Brunnenkresse. An besonders schattigen Stellen besiedeln Lebermoose den feuchten Fels.

Nach Überqueren mehrerer Bachbrücken gabelt sich die Schlucht, hier links halten. Wir kommen direkt am Bahngleis wieder ans Tageslicht, dort links auf der Teerstraße bergan, über die Fußgängerbrücke auf die Klenzestraße und nach Überquerung der Straße geradewegs auf dem Fußweg zum Tutzinger Nordbad. Vom Strandbad führt unsere Route stets in nördliche Richtung am Ufer des Starnberger Sees entlang, der uns bis Erreichen des Feldafinger Parks jedoch verborgen bleibt.

Durch den Feldafinger Park nach Possenhofen Der Feldafinger Park wurde auf Wunsch von König Max II. von Bayern vom Generaldirektor der königlich-preußischen Hofgärten, Peter Joseph Lennès, im Jahr 1853 errichtet. Heute erfreuen sich zahlreiche Ausflügler an den weitläufigen Liegewiesen und Badenischen, die anfangs mangels Parkmöglichkeiten um einiges menschenleerer und somit reizvoller sind. Hier ziehen sich in lauen Sommernächten zahlreiche Jugendliche und Junggebliebene mit Picknickkorb, Wein, Isomatte, Schlafsack und Gitarre zurück, um zu Mitternacht mit oder ohne Vollmond in den erfrischenden See zu springen. Vom See sieht man dann in allen Richtungen die Lichter der entfachten Lagerfeuer flackern.

Auf Höhe der Roseninsel führt der Parkweg am Platanenrondell des ehemaligen Glockenstegs vorbei. Wir wandern am Gemeindebad und dem

Stichpfade führen vom Hauptweg näher an das Ufer heran. Auf diese Weise kann man die Deixlfurter Seenlandschaft noch besser erkunden.

Im Feldafinger Park hängen die Baumäste urwüchsig knapp über der Wasserfläche des Starnberger Sees.

Segelclub Feldafing vorbei und weiter auf dem Uferweg nach Possenhofen. Nach Passieren der »Schiffsglocke« ist der Restanstieg zum S-Bahnhof Possenhofen beschildert.

Abstecher zum Buchheim-Museum in Bernried Ähnlich schön angelegt wie der Feldafinger Park ist der Bernrieder Park bei Bernried und der nach Süden führende gepflegte Wanderweg nach Seeseiten. Doch bekannt geworden ist der rund 5 Kilometer südlich von Tutzing gelegene Ort durch das 2001 am Hirschgarten eröffnete, lang umstrittene Buchheim-Museum (Museum der Phantasie) an einem der schönsten Flecken des Starnberger Sees. Ein Hochsteg führt vom Museum direkt über das Seeufer, an dem Enten im Schilf nach etwas Fressbarem tauchen, während an der seeabgewandten Seite ein verrosteter BMW mit einer Riesenkrake verziert ist.

Kinder fühlen sich vor allem in der unteren Ebene wohl, denn hier spult der Riesenzirkus Buffi auf Knopfdruck sein Programm ab: Zahlreiche Zirkustiere drehen sich im Kreis und schmücken nebst bunten Utensilien die Räume. Tiere aus Blättern sind in Dittis Blätter-Menagerie zu sehen, hölzerne Menschen und Tiere eine Ebene darüber. Lustiger anzuschauen als die Kreaturen von der Rieseneule bis zu den Musikern sind die aufwändig verzierten Marionetten und gläsernen Kugeln.

Die expressionistischen Gemälde, für die Buchheims Sammlung berühmt ist, dürften hingegen für die meisten Kinder weniger interessant sein. Ganz im Gegensatz zu den Kinderbüchern »Jacky, das Rennpferd« und »Thomas«, die im Foyer verkauft werden, die Fußballmannschaft aus Beton im Außengelände und nicht zuletzt die Giraffen am Parkplatz.

(Tel.: 08158/997020, Öffnungszeiten: Di–So 10–18 Uhr, Eintritt Erwachsene 7,80 Euro, Kinder ab 6 Jahren 3,50 Euro)

RUDERN ZUR ROSENINSEL

Vom Glockensteg rudert der Fährmann von Anfang Mai bis Ende Oktober zwischen 11 und 18 Uhr Passagiere zur nahen Roseninsel hinüber, obwohl das Eiland problemlos auch erschwommen werden könnte. Aber das Vergnügen auf der historischen Plätte und den Besuch des Inselschlösschens lassen sich die meisten doch nicht entgehen.

Skurriler Anblick beim Buchheim-Museum: Eine Riesenkrake nimmt einen BMW unter Beschlag.

In der Tutzinger Bucht kommen die Surfer auf ihre Kosten. Ein bisschen mehr Wind könnte jedoch nicht schaden.

29 DIE MAISINGER SCHLUCHT

Von Starnberg aus am Maisinger Bach entlang

mittel | 8 km | 100 m | 2:30 Std.

Starnberg – Maising – Maisinger See – Maising – Starnberg

CHARAKTER

Über gut befestigte Wanderwege geht es durch die Maisinger Schlucht stetig leicht bergauf nach Maising; der restliche Weg zum See führt durch die Wiesen.

AUSGANGS-/ENDPUNKT

Wanderparkplatz am Ende der Maisinger-Schlucht-Straße in Starnberg

ANFAHRT

Alle 20 Min. mit der S-Bahnlinie S 6 von München nach Starnberg. Von dort geht man auf der Bahnhofstraße stadteinwärts, überquert die Weilheimer Straße und geht geradeaus auf der Söckinger Straße weiter. Nach etwa 500 m beginnt links die Maisinger-Schlucht-Straße. Mit dem Auto zweigt man in Starnberg ebenfalls auf die Söckinger Straße ab. Am Ende der Maisinger-Schlucht-Straße gibt es eine begrenzte Anzahl Parkplätze.

GEHZEITEN

Starnberg – Maising 1 Std., Maisinger See 15 Min., Maising 15 Min., Starnberg 1 Std.

WEGWEISER

Maisinger Schlucht, Maisinger See

KARTE

Kompass-Wanderkarte Nr. 180: Starnberger-/Ammersee, 1:50000

SPEZIELLE HINWEISE

Die Wanderung ist auch im Winter sehr gut zu machen.

EINKEHR

Gasthaus Georg Ludwig, Ortsstr. 16, Ortsmitte Maising, durchgehend warme Küche, ofenfrischer Schweinsbraten, Mi–So 11–23 Uhr, Mo 17–23 Uhr geöffnet, Tel.: 08151/34 45; Maisinger Seehof, Seestr. 14, direkt am Maisinger See, große Terrasse, Fischgerichte, Brotzeit, Di–So 11–22 Uhr geöffnet, Tel.: 08151/74 42 42

INFORMATION

Tourismusverband Starnberger Fünf-Seen-Land, Wittelsbacherstraße 2c, 82319 Starnberg Tel.: 0811/906 00, Fax: 08151/90 60 90, E-Mail: info@sta5.de, Internet: www.sta5.de

Unter dem schattigen Dach großer Laubbäume plätschert der Maisinger Bach munter durch die gleichnamige Schlucht. Die ideale Wanderung für heiße Tage endet mit einem erfrischenden Bad im idyllisch gelegenen Maisinger See.

Zunächst durch die Wiesen

Wenn auch der Begriff »Schlucht« etwas hoch gegriffen ist und bei weitem nicht an die Dimensionen tief eingeschnittener Schluchten in den Alpen herankommt, so zählt doch die Wanderung durch die Maisinger Schlucht zu den beliebtesten im bayerischen Fünf-Seen-Land. Vom Wanderparkplatz am Ende der Maisinger-Schlucht-Straße in Starnberg wandert man zur Einstimmung zunächst ein kurzes Stück durch

weitläufige Wiesen. Sollte die Sonne scheinen, können wir nochmals etwas Wärme tanken, denn später in der Schlucht wird es deutlich kühler werden.

Das Starnberger Wasser Bei der zweiten Brücke über den Maisinger Bach sehen wir rechter Hand das Starnberger Wasserwerk, das von hier Wasser ins Leitungsnetz der Kreisstadt pumpt. Immerhin 80 Prozent des Starnberger Wassers kommt aus der Maisinger Schlucht, und die Bewohner können mit der Trinkwasserqualität zufrieden sein, denn das Wasser kommt frisch, unaufbereitet und ungechlort aus der Leitung.

Im Rahmen eines so genannten Ökokonto-Guthabens hat die Stadt Starnberg im Bereich des Eingangs zur Schlucht Verschönerungsmaßnahmen am Bachverlauf vorgenommen. Auf das Ökokonto zahlen alle privaten Bauherren im Stadtgebiet ein, die nicht jede im Baurecht vorgeschriebene ökologische Auflage erfüllen. Als Ausgleich dafür werden Maßnahmen wie diese durchgeführt, die die Landschaft verschönern und das Landschaftsbild verbessern sollen.

Durch die Schlucht Im weiteren Verlauf wird es zwischen den beiden Bergflanken immer enger. Zu beiden Seiten des Wegs stehen hohe Buchen, und es bleibt gerade noch Platz für den Maisinger Bach, der in Tausenden von Jahren die Schlucht aus dem knapp 100 Meter hohen Bergrücken herausgearbeitet hat. Es geht langsam immer steiler bergauf, bis schließlich kurz vor Maising die ersten Sonnenstrahlen wieder helles Licht und angenehme Wärme verbreiten.

Von Maising zum See Wir wandern auf der Ortsstraße durch Maising und zweigen vor der Kirche auf einen schmalen Pfad ab, der durch die Wiesen zum See führt. Wer einen Kinderwagen dabeihat, kann etwa 100 Meter weiter die Seestraße nehmen.

Der Maisinger See wurde 1680 zur Fischzucht künstlich angelegt. Er ist heute ein Moorbiotop und Rückzugsgebiet für einheimische Vögel. Nicht zuletzt deshalb sollte man nur die direkt bei der Gaststätte angelegte Badestelle benutzen. Nach einem erfrischenden Bad geht es dann auf dem gleichen Weg wieder nach Starnberg zurück.

EISLAUFEN IM WINTER

Aufgrund seiner geringen Tiefe ist der Maisinger See einer der ersten in der Umgebung, der zufriert. Nicht zuletzt deshalb kommen viele Einheimische gerne zum Schlittschuhlaufen hierher.

Linke Seite oben: Prachtvoller Solitärbaum kurz vor dem Eingang zur Schlucht

Linke Seite unten: Unterwegs zu großen Taten …

KIRCHE ST. BARTHOLOMÄUS

Mitten in Maising steht die so genannte Filialkirche der Gemeinde Söcking: die Kirche St. Bartholomäus mit ihrem hoch aufragenden spitzen Turm. Im Inneren gibt es einige schöne Fresken zu bewundern.

30 AN DER WÜRM NACH STARNBERG

»Mangrovensumpf« im Mühltal

mittel | 10 km | 0 m | 3 Std.

Gauting – Leutstetten – Starnberg

CHARAKTER
Zwischen Gauting und Leutstetten sind die Wege breit und komfortabel, während die Würm hier ihren Wildflusscharakter zeigt. Der Abschnitt durch das Naturschutzgebiet zum Starnberger See erfolgt auf einem Pfad (nach Regen aufgeweicht).

AUSGANGSPUNKT
S-Bahnhof Gauting

ENDPUNKT
Bahnhof Starnberg

ANFAHRT
Mit der S 6 von München (alle 20 Min.) oder mit dem Auto von München über Neuried oder Planegg.

RÜCKFAHRT
Vom Starnberger Bahnhof verkehren alle 20 Min. S-Bahnen nach Gauting.

GEHZEITEN
Bahnhof Gauting – Reiterhof 45 Min., Leutstetten 1 Std., Percha 2 Std., Starnberg 30 Min.

WEGWEISER
Zwischen Gauting und Leutstetten Radwanderweg Starnberg, ab Leutstetten grüne Wandermarkierungen

KARTE
Kompass-Wanderkarte Nr. 180: Starnberger-/Ammersee, 1:50 000

SPEZIELLE HINWEISE
Mit Kinderwagen bis Leutstetten möglich

EINKEHR
Forsthaus Mühltal, Mühltalstr. 124, Leutstetten, Tel.: 08151/36090, täglich geöffnet; Schlossgaststätte Leutstetten mit Biergarten, Altostr. 11, Tel.: 08151/8156, täglich geöffnet; Cafés an der Starnberger Seepromenade

INFORMATION
Tourismusverband Starnberger Fünf-Seen-Land, Wittelsbacher Str. 2 c, 82319 Starnberg, Tel.: 08151/90600, Fax: 08151/906090, E-Mail: tourist-info@starnberger-fuenf-seen-land.de, Internet: www.starnberger-fuenf-seen-land.de

Auch wenn die Würm mangels Desinfektionsanlage am Starnberger Klärwerk offiziell nicht als Badefluss taugt (in den späten 1960er-Jahren war das allerdings kein Hindernis) – der malerischen Flusslandschaft im Mühltal tut dies keinen Abbruch. Zudem soll das Problem der erhöhten Keimbildung im Wasser bis spätestens 2005 behoben sein. Während die Würm zwischen Gauting und Leutstetten als reißender Wildfluss in Erscheinung tritt, mutiert sie weiter südlich im Schilf- und Sumpfgebiet zum träge vor sich hin fließenden Gewässer.

Von Gauting an die Würm Den ersten Kontakt mit der Würm haben wir in Gauting, nachdem wir vom Bahnhof die Bahnhofstraße über den Hauptplatz hinabgewandert sind und den Fluss auf der Brücke überqueren. Anschließend geht es rechts in die Leutstettener Straße und am Sportplatz vorbei zurück zum Fluss, der in Höhe der Reismühle eine Schleife zieht und vorübergehend im grünen Dickicht abtaucht.
Unser Weg strebt in den Wald und bleibt bis zum Reiterhof geteert. Dann verengt sich das Mühltal und windet sich in einer weiten S-Kurve um den Schlossberg herum bis zum Forsthaus Mühltal. In diesem Bereich führt der Weg direkt am Würmufer entlang; der Fluss sprudelt knapp unter dem Geäst der Bäume munter vor sich hin. Dazwischen finden sich Sand- und Kiesbänke, die zumindest zu einem Fußbad einladen.

Stimmungsvolles Würmtal Bei Sonnenschein nimmt der Wanderer im Wechselspiel von Licht und Schatten fantastische Stimmungen auf. Allein die Flussalgen schimmern in den intensivsten Grün- und Gelbtönen. Die Bäume im Flussbett schlagen allseits hohe Wurzeln, um vor etwaigem Hochwasser gewappnet zu sein. Nach starkem Regen schwappt das Wasser über die Ufer und verwandelt das Flussbett in eine mangrovensumpfähnliche Landschaft. Ob mit oder ohne Hochwasser – in den wilden Flussauen der Würm fühlt man sich von der Natur gefangen, obgleich die Straße gar nicht weit vom gegenüberliegenden Ufer entfernt entlangführt.
Diese Straße erreichen wir am Forsthaus Mühltal, das auf eine bewegte Geschichte zurückblickt: 1894 ließ König Ludwig III. aus der ehemaligen Karlsburg eine Unterkunft für seine königlichen Jäger und Förster errichten. Um alte Traditionen am Leben zu erhalten, trifft man sich sonntags im urigen Kellergewölbe zum deftigen Ritterbrunch. Schön ist auch der kleine Biergarten, doch hört man hier leider die nahe Straße.

Von Leutstetten nach Starnberg Ohne Verkehrsrauschen sitzt man im allseits bekannten Biergarten Leutstetten ein Stück weiter südlich. Wir folgen dem Rad- und Wanderweg Richtung Starnberg und biegen dann – nach ein paar Metern Rückweg auf der Hauptstraße – rechts in den Ort ab. Nach Passieren des Biergartens halten wir uns ostwärts und biegen rechts in die Wangener Straße. Dort zweigt an dem rosafarbenen Wohnhaus Nr. 14 rechts ein Fahrweg ab (grüne Wandermarkierung beachten), der jedoch rasch endet und in einen Wiesenweg übergeht. In der Folge wird der Weg immer schmaler und führt stets am Waldrand entlang Richtung Süden.

Rechter Hand breitet sich das Flussdelta der Würm aus. Der Fluss selbst versteckt sich hinter hohen Schilfgräsern in unzugänglichem Sumpfgebiet, das von zahlreichen Quellen gespeist wird. In regenreichen Jahren ist der Wanderpfad komplett aufgeweicht, sodass die kleinen Holzstämme, -stege und -brücken wertvolle Hilfe leisten. An manchen Stellen scheint der Pfad schier zuzuwachsen; lange Kleidung hilft gegen die lästigen Brennnesseln.

Nach Durchschreiten des Wald- und Schilfgürtels stoßen wir im Starnberger Ortsteil Heimatshausen auf den Birkenweg und die Heimatshausener Straße. Auf Letzterer unterqueren wir die Autobahn und wandern geradeaus auf der Hauptstraße nach Süden, bis auf Höhe des Brückenwirts rechts die Seestraße abzweigt. Diese führt geradewegs zur Würm, die nahe dem Starnberger Seeufer auf einer Hochbrücke überquert wird. Träge fließt der Fluss von dannen, als ob er sein Wasser vor der munteren Spülung im Mühltal schonen müsste.

Linke Seite:
Fast urwaldartig breitet sich das Blätterdach über der sprudelnden Würm aus.

Zum Abschluss eine Dampferfahrt Wir passieren den Starnberger Wasserpark und gelangen über die Strandbadstraße, den Nepomukweg

Malerisches Flussbild: die Würmschleife an der Reismühle.

An manchen Stellen ist die Würm mit einem dichten Algenteppich überzogen.

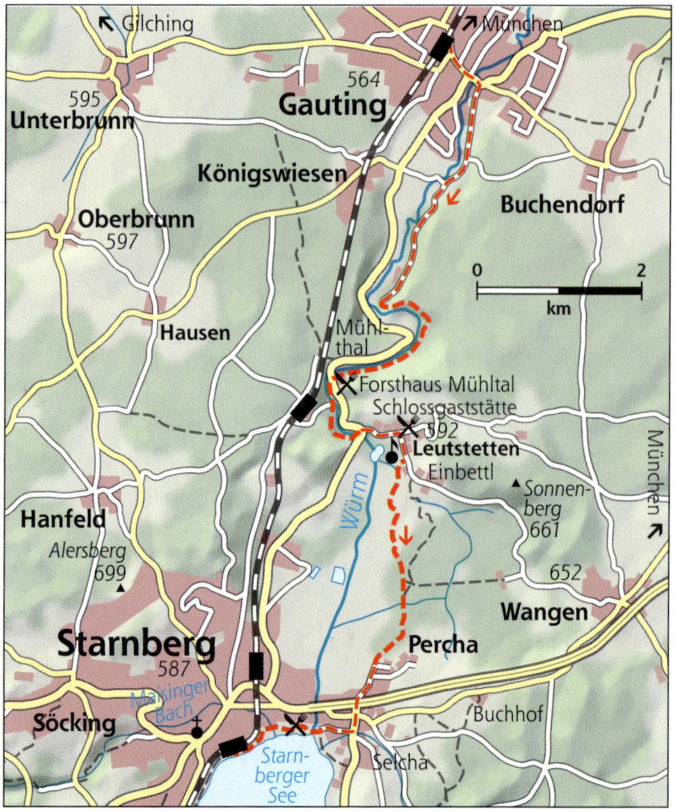

EIN BAD IM STARNBERGER SEE

Mit Erreichen des nördlichen Starnberger Seeufers liegen schöne Bademöglichkeiten direkt am Weg: Im Erholungsgebiet Kempfenhausen bieten weitläufige Bade- und Spielwiesen sowie flaches Seewasser ideale Voraussetzungen für Familien mit Kindern. An Kiosken können Imbisse und Erfrischendes gekauft werden, was auch die erschöpften Beachvolleyballer zu schätzen wissen.

Noch komfortabler ist es im Strandbad, das von 8–20 Uhr geöffnet hat, sofern es nicht regnet (Eintritt Erwachsene 3,- Euro, Kinder 2,- Euro). Liegewiese, ein Holzsteg und ein großer »Seestern« im Wasser bieten hier ausreichend Platz zum Spielen. Im Hallenbad ist die große Wasserrutsche die Attraktion für die Kinder.

und die Strandpromenade zwischen See und Gleisen direkt zum Starnberger Bahnhof. An der Seepromenade ist auch die Flotte der Starnberger Seenschifffahrt zu Hause. Die Königin unter den Dampfern ist die dreistöckige »Seeshaupt«, die in gut 3 Stunden Fahrzeit den gesamten 57 Quadratmeter großen See durchkreuzt und die Stationen Berg, Leoni, Possenhofen, Tutzing, Ammerland, Bernried, Ambach und Seeshaupt anläuft. An Bord sorgt eine Rutsche für Vergnügen bei den Kids. Auch die »Bayern« kreuzt den gesamten See, während die »Berg« für die einstündige Nordrunde vorgesehen ist.

Spaß pur im Starnberger Wasserpark

Für den müden Wanderer ist ein Dampferausflug unter Umständen ein passender Tagesausklang. Wer die Nachmittagsverbindung (14.30 Uhr ab Starnberg, im Hochsommer auch 16.30 Uhr) verpasst, kann noch an einer Sonderfahrt am Abend teilnehmen – zur Auswahl stehen Tanz- und Mondscheinfahrten. Näheres über Fahrplan und Tarife ist dem Internet unter www.bayerische-seenschifffahrt.de zu entnehmen.

Schloss Berg ist mit seiner fotogenen Frontseite nur im Rahmen einer Dampferfahrt zu sehen.

Das Schilf ist ideales Brutgebiet für Vögel.

Sonnenuntergang bei Steinebach

te des Sees herum. Gleich hinter der Schiffswerft mit Bootsverleih erreichen wir die Badewiese vom Adriagrill, wo wir links am Restaurant zur Straße hinaufgehen und rechts den asphaltierten Fußgängerweg nehmen. Nach etwa 300 Metern müssen wir ein kurzes Stück der Straße entlang gehen, können aber schon nach wenigen hundert Metern rechts auf die Wiese des Badegeländes Bachern abzweigen.

Das weitläufige Strandbad ist besonders wegen seiner hölzernen Stege sehr beliebt. Sie führen ein Stück weit auf den See hinaus und haben am Ende eine Treppe, über die man bequem ins Wasser steigen kann. Am hinteren Ende der Badewiese geht ein Wurzelsteig direkt am Ufer entlang. Kurze Zeit später kommen wir über eine Nebenstraße nach Walchstadt. Wir folgen der Straße etwa 1 Kilometer durch den Ort bis zum Café Mutz.

Wer möchte, kann hier rechts einen kleinen Abstecher zum See machen und einen Blick auf die Insel im Wörthsee werfen, die im Volksmund

»Mausinsel« heißt. Mitten auf der Insel steht ein herrschaftliches Haus aus dem Jahr 1772, das von den Bewohnern über einen kleinen Steg erreicht wird. Der Name »Mausinsel« geht auf eine Sage zurück, die sich auf dem nahe gelegenen Schloss Seefeld ereignete, zu dessen Besitz der Wörthsee einst zählte. Einer dieser Schlossherren ließ damals die bei ihm unbeliebten Bettler in eine Scheune sperren und diese anzünden. Höhnisch rief er den Sterbenden zu: »Hört ihr das Wimmern der Ratten und Mäuse?« Kurze Zeit darauf kamen ganze Heerscharen von Ratten und Mäusen auf das Schloss, und er flüchtete voller Panik auf die Insel im Wörthsee. Doch auch dorthin verfolgten ihn die Tiere und ließen ihn erst dann in Ruhe, als er eine Stiftung für Arme versprach.

Beim Café Mutz überqueren wir einen kleinen Zufluss und zweigen etwa 600 Meter weiter rechts auf einen geschotterten Weg ab, der auf den See zuführt. Schon nach knapp 100 Metern gehen wir dann links auf einem Trampelpfad auf den Wald zu. Dieser bringt uns durch ein Moorgebiet, das im Frühsommer von unzähligen gelb blühenden Schlüsselblumen übersät ist. Im weiteren Verlauf folgen wir einer leicht befestigten Seitenstraße, bis es rechts auf einem Teerweg hinunter zur Badestelle »Rossschwemme« geht. Früher wurden hier die Pferde im Wörthsee getränkt und gewaschen.

Zurück nach Steinebach Von der Rossschwemme geht es über die Wohnstraßen des Ortsteils Walchstadt zurück in Richtung Steinebach. Oberhalb der Straße können wir noch einige der alten Villen sehen, die zu Beginn des 20. Jh. von prominenten Schauspielern, Künstler, Sängern und reichen Münchner Unternehmern bewohnt wurden. Kurz vor Steinebach erreichen wir wieder den Uferweg, auf dem wir immer am See entlang, vorbei an mehreren Restaurants und Badeplätzen wieder zur Birkenwiese kommen und dann links hinauf zurück zum Bahnhof gehen.

SPIEGELEIS

Der Wörthsee gehört zu den Seen, die aufgrund ihrer Größe bei lang anhaltender Kälte komplett zufrieren. Dann herrschen auf dem See traumhafte Bedingungen zum Schlittschuhlaufen, Eisstockschießen und Eishockeyspielen. Wenn kein Schnee auf dem Eis liegt, spricht man vom Spiegeleis, und das lockt an sonnigen Tagen etliche tausend Besucher an.

Der Wörthsee bei Schlagenhofen

32 DER NÖRDLICHE TEIL DES AMMERSEES

Von Breitbrunn nach Schondorf

leicht 10 km 20 m 2:30 Std.

Breitbrunn – Stegen – Schondorf

CHARAKTER

Von Breitbrunn nach Stegen über »Stock und Stein« immer direkt am Seeufer entlang, bis Eching gut befestigter Wanderweg, der in einen breiten Fahrweg übergeht, bis Schondorf wieder Wanderweg.

AUSGANGSPUNKT

Schiffsanleger Breitbrunn

ENDPUNKT

Schiffsanleger Schondorf

ANFAHRT

S-Bahnlinie S 5 verkehrt alle 20 bzw. 40 Min. von München nach Herrsching. Von dort mehrmals täglich Anschluss mit dem MVV-Bus Linie 952 nach Breitbrunn. Mit dem Auto auf der Autobahn A 96 München–Lindau bis zur Ausfahrt Inning, von dort in Richtung Herrsching nach Breitbrunn. Oberhalb des Schiffsanlegers Parkplätze.

RÜCKFAHRT

Von Stegen zweimal am Spätnachmittag ein Schiff über Herrsching zurück nach Breitbrunn (Ostern – Herbst). Alternativ stündl. mit der Bahn nach Geltendorf und von dort mit der S-Bahnlinie S 4 zurück nach München.

GEHZEITEN

Breitbrunn – Stegen 1:30 Std., Schondorf 1 Std.

KARTE

Kompass-Wanderkarte Nr. 180: Starnberger-/Ammersee, 1:50 000

EINKEHR

Seehaus in Stegen, Biergarten, Kinderspielplatz, Tel.: 08153/8086; Cafeteria am See, zwischen Stegen und Schondorf, Terrasse, Badewiese, Spielplatz, Tel.: 08143/1613; Restaurants und Cafés in Schondorf.

INFORMATION

Tourismusverband Starnberger Fünf-Seen-Land, Wittelsbacherstraße 2 c, 82319 Starnberg Tel.: 08151/90600, Fax: 08151/906090, E-Mail: info@sta5.de, Internet: www.sta5.de; Tourismusbüro, Bahnhofstr. 44, 86938 Schondorf, Tel.: 08192/8899, Fax: 08192/998810, E-Mail: tourismus@schondorf.de, Internet: www.schondorf-tourismus.de

Insbesondere nachmittags ist die östliche Seite des Ammersees zwischen Breitbrunn und Stegen sehr beliebt, wenn die Sonne das gesamte Ufer in ein angenehm warmes Licht taucht. Der Weg am Wasser ist natürlich belassen und wird weder gepflegt noch angelegt. Vom Schiffsanleger in Breitbrunn machen wir uns auf Richtung Norden. Gleich zu Beginn muss ein kleiner Bach auf Steinen balancierend überwunden werden. Aber die Natürlichkeit des Uferwegs macht auch seinen Reiz aus. Bei erhöhtem Wasserspiegel enden die Wellen knapp an den Füßen der Wanderer, bei Hochwasser ist der Weg hin und wieder für einige Zeit unter dem Wasser verschwunden.
Erst ab dem ehemaligen Schiffsanleger von Buch ist der Weg wieder ordentlich befestigt; im weiteren Verlauf bis Stegen verläuft er leicht oberhalb des Sees durch einen schönen Buchenwald. In Stegen nehmen wir ein kurzes Stück die Uferstraße und erreichen beim Minigolfplatz wieder einen schmalen Wanderweg. Direkt neben der Autobahn überqueren wir die Amper, um gleich danach links im meterhohen Schilf zu verschwinden. Nach etwa 20 Minuten liegt linker Hand ein schöner Badeplatz, der

besonders bei Familien mit kleinen Kindern sehr beliebt ist, da es hier sehr flach ins Wasser hineingeht. Von der kurz darauf erreichten Cafeteria am See geht es zunächst auf einer kleinen Anliegerstraße Richtung Süden, die bald in einen Forstweg übergeht. Später wird daraus ein normaler Wanderweg, der durch Buchenwald führt. An einigen Stellen wandert man etwas oberhalb des Ufers und hat einen schönen Blick auf den See, der hier am Rand von einem breiten Schilfgürtel bewachsen ist. Baden ist daher erst wieder in Schondorf möglich, wo man beim Strandbad »Forster« auch eine große Liegewiese vorfindet. In unmittelbarer Nähe gibt es mehrere Einkehrmöglichkeiten in Cafés oder Restaurants.

Rastplatz in ursprünglicher Natur

In Schondorf waren früher noch viele Fischer ansässig. Wer ausreichend Zeit hat, kann an den alten Fischerhäusern vorbei den Hang hinauf in Richtung Kirche gehen. Die alten Holzhäuser strahlen immer noch den Flair der Zeit aus, in der die Männer jeden Tag zum Fischfang auf den Ammersee hinausruderten. Heute hingegen begegnet man nur noch den Hobbyanglern am Ufer.

MINIGOLF

Unterwegs kann man gleich zweimal in unmittelbarer Nähe des Ammersees Minigolf spielen: Einer der Plätze liegt in Stegen kurz vor der Amperbrücke auf der linken Seite, der andere in Schondorf etwas südlich des Schiffsanlegers.

Linke Seite:
Badehütte zwischen Breitbrunn und Stegen

AUF DEM SEE GENIESSEN

Die Bayerische Seenschifffahrt bietet auf dem Ammersee unterschiedliche Sonderfahrten an, die meist in Zusammenhang mit kulinarischen Genüssen stehen. Da gibt es Brunchfahrten, Gourmetfahrten, Schlemmerfahrten oder ein Jazzfrühstück auf dem See. Zeiten, Ablegeplätze und Preise gibt es unter www.bayerische-seenschifffahrt.de oder Tel.: 08143/940 23.

33 DIE AMPER BEI FÜRSTENFELDBRUCK

Flussidylle im Ampertal

leicht | 14 km | 0 m | 3:30 Std.

Fürstenfeldbruck – Schöngeising – Fürstenfeldbruck

CHARAKTER
Genusswanderung meist auf Kieswegen im Naturschutzgebiet Amperauen mit malerischen Flussimpressionen

AUSGANGS-/ENDPUNKT
S-Bahn Fürstenfeldbruck

ANFAHRT
Mit der S-Bahn. Den Pkw kann man wahlweise am S-Bahnhof oder am großen Parkplatz am Kloster abstellen.

GEHZEITEN
Bahnhof Fürstenfeldbruck – Kloster Fürstenfeld 15 Min., Schöngeising 1:30 Std., Kloster Fürstenfeld 1:30 Std., Bahnhof Fürstenfeldbruck 15 Min.

KARTE
Kompass-Wanderkarte Nr. 190: Augsburg – Dachau – Fürstenfeldbruck, 1:50 000

EINKEHR
Wirtshaus Klosterstüberl, Fürstenfeld, Tel.: 08141/526819, Mo Ruhetag

INFORMATION
Verkehrsamt Fürstenfeldbruck, Hauptstr. 31, 82256 Fürstenfeldbruck, Tel.: 08141/28108, Fax: 08141/28103

Dieses Entenpaar freut sich gleich über elffachen Nachwuchs.

Der Zellhof mit Weiher vor einem Frühlingsgewitter.

Die Amper ist zumindest abschnittweise ein naturbelassener Fluss mit kiesigen Flachufern, Altwasserarmen und kleinen Inseln. Zwischen Fürstenfeld und Schöngeising wandern wir auf einem Rundweg durch das Naturschutzgebiet Amperauen, ohne die brütenden Vögel zu stören. Schon vor Jahren hat sich hier auch wieder der Biber angesiedelt.

Biber an der Amper Derzeit hinterlassen rund zwölf Biberfamilien ihre Spuren im Ampertal. In gerade mal zwei Nächten schafft es der scheue Nager, einen Baum größeren Umfangs zu fällen. Wenn er ihn nicht für den Dammbau verwendet, transportiert er Rinde und Knospen in seinen Bau. Noch lieber wären ihm Äpfel, doch dafür müsste er kilometerweit über Wiesen und Äcker laufen. Im Normalfall entfernt er sich nicht weiter als 20 Meter vom Fluss und seiner Biberburg.
Am Bahnhof Fürstenfeldbruck halten wir uns auf der Bahnhofstraße links und unterqueren nach etwa 200 Meter die Gleise. Danach geht es rechts am Waldrand entlang zu einer weiteren Bahnunterführung, durch die wir zum Kloster Fürstenfeld gelangen.

Von Fürstenfeld nach Schöngeising Vom Klosterhof wandern wir vor zur Fürstenfelder Straße und biegen links ab; nach Passieren der Amperbrücke links auf den Uferweg der Amper. Fortan zeigt die Amper unterschiedlichste Gesichter: Auf Höhe der Brücke zum Stausee mutiert, entfaltet sie flussaufwärts ihren Wildflusscharakter. Der Weg führt an Kleingärten und einer Badewiese vorbei, zunächst unmittelbar in Ufernähe Richtung Süden. Nach gut 2 km stoßen wir kurz auf die Hauptstraße, dann folgt ein reizvoller Wegabschnitt am bewaldeten Steilufer entlang.

Das Vogelparadies Im Schutz des Hanges kann sich der artenreiche und Wärme liebende Laubwald voll entfalten. Im Frühjahr blühen hier zahlreiche Leberblümchen, Veilchen und Buschwindröschen. Seltene Singvögel wie Neuntöter und Dorngrasmücke finden in Baumgeäst und Heckengestrüpp hervorragend Unterschlupf.
Nach Passieren des Steilufers wandern wir links auf dem Wiesenpfad zur Hauptstraße und in weitem Bogen zuletzt wieder am Amperufer nach Schöngeising. Dort überqueren wir auf Holzstegen die beiden Amperarme und bewegen uns auf einem weiteren Wiesenpfad auf den Zellhof zu.

Am östlichen Amperweg zurück Noch vor dem Hof ragen zwei imposante, über 100 Jahre alte Eichen in die Höhe. Direkt dahinter finden Grasfrösche, Erdkröten und Molche im Fischweiher ihr Zuhause. Hinter dem Zellhof, ein stattlicher Gutshof mit der angrenzenden Barockkapelle St. Vitus, geht es auf dem Ammer-Amper-Radweg durch die Amperauen über den Brucker Ortsteil Engelsberg und das Kloster Fürstenfeld zum Ausgangsort zurück.
Abwechslung garantiert der kurze Umweg durch den so genannten Eisenhutwald; hier wachsen auf feuchtem Moorboden Eschen, Erlen, Ahorn und Hainbuchen. Knapp 1 Kilometer nördlich des Zellhofs führt ein Stichweg in den Wald. An einer Weggabelung mit Gedenkkreuz vorbei wird das Amperufer erreicht. Um nicht die Streuwiesen zu kreuzen, gehen wir nach diesem Abstecher wieder zum Gedenkkreuz und von dort nach links auf einem Waldweg zur Hauptroute zurück.

KLOSTERKIRCHE FÜRSTENFELD

Der bayerische Herzog Ludwig der Strenge stiftete 1263 – nachdem er aus purer Eifersucht seine junge Frau hatte erdolchen lassen – zur Sühne das Kloster Fürstenfeld und übergab es dem Zisterzienserorden. Anstelle der Klosteranlage steht heute die Kirche Mariä Himmelfahrt, einer der prächtigsten Barockbauten Bayerns: Sie wurde zwischen 1718 und 1738 von Johann Georg Ettenhofer errichtet und weist mit dem zierfreudigen Stuck von Appiani sowie den farbigen Deckenfresken von Bernhard von Clairvaux kunsthistorische Juwelen auf.

Diese Wanderer überqueren die Amper auf der Holzbrücke bei Schöngeising.

34 VON HERRSCHING NACH KLOSTER ANDECHS

Auf den heiligen Berg

mittel | 8 km | 170 m | 2:30 Std.

Herrsching – Kiental – Kloster Andechs – Ammerseeufer – Herrsching

CHARAKTER

Auf gut befestigten Waldwegen geht es durch das Kiental hinauf zum Kloster Andechs. Von dort führt ein Forstweg direkt hinunter zum Ammersee; zurück nach Herrsching wandern wir auf einem schmalen Pfad immer am Ufer entlang.

AUSGANGS-/ENDPUNKT

Bahnhof Herrsching

ANFAHRT

Je nach Tageszeit verkehrt die S-Bahnlinie S 5 alle 20 bzw. 40 Min. zwischen München und Herrsching. Mit dem Auto fährt man auf der Autobahn A 96 München–Lindau bis zur Ausfahrt Oberpfaffenhofen und von dort weiter über Weßling nach Herrsching. In unmittelbarer Nähe des Bahnhofs gibt es etliche Parkplätze.

GEHZEITEN

Herrsching – Kloster Andechs 1 Std., Ammerseeufer 30 Min., Herrsching 1 Std.

WEGWEISER

Kiental

KARTE

Kompass-Wanderkarte Nr. 180: Starnberger-/Ammersee, 1:50 000

SPEZIELLE HINWEISE

Die Wanderung ist das ganze Jahr über gut zu machen, wobei jede Jahreszeit ihre eigene schöne Stimmung hat.

EINKEHR

Bräustüberl direkt im Kloster Andechs, große Terrasse, täglich 10–20 Uhr original bayerische Schmankerl, Tel.: 08152/376261; Klostergasthof etwas unterhalb des Klosters, bayerische Küche, Tel.: 08152/93090.

INFORMATION

Verkehrsbüro gegenüber dem Bahnhof, 82211 Herrsching, Tel.: 08152/5227, Fax: 08152/40519, E-Mail: gemeinde@herrsching.de, Internet: www.herrsching.de; Kloster Andechs, Bergstraße 2, 82346 Andechs, Tel.: 08152/3760, Fax: 08152/376143, E-Mail: info@andechs.de, Internet: www.andechs.de

Durch das wildromantische Kiental führt ein breiter Weg hinauf zum Heiligen Berg, auf dem die Wanderer im Kloster Andechs gut bewirtet werden. Auf dem Rückweg gilt es dann, das Ufer des Ammersees zu erkunden.

Von Herrsching zum Kloster Andechs Weithin sichtbar liegt auf dem Heiligen Berg hoch über dem Ostufer des Ammersees das Kloster Andechs. Der Ort ist seit über einem halben Jahrtausend ein Ziel für Pilger und in der neueren Zeit auch ein beliebtes Ausflugsziel für Menschen aus der ganzen Welt. Die einzigartige Mischung aus Religion, Kultur und kulinarischem Angebot zieht jedes Jahr Hunderttausende an; die wenigsten davon kennen jedoch die Anreise zu Fuß durch das wildromantische Kiental.

Vom Bahnhof in Herrsching gehen wir direkt gegenüber rechts neben der Bank vorbei auf die Kienbachstraße und sehen gleich zum ersten Mal den Kienbach, der unterhalb der Straße in Richtung Ammersee plätschert. Über die Fischergasse kommen wir auf die Mühlfelder Straße, der wir knapp 200 Meter links folgen und dann rechts auf die Andechser Straße abbiegen. An deren Ende beginnt rechts die Kientalstraße, auf der wir leicht ansteigend Herrsching verlassen.

Am Schiffsanleger von Herrsching ist immer was los.

Anstieg durch das Kiental Kurz hinter den letzten Häusern führt ein breiter, gekiester Wanderweg in einen schönen Laubwald hinein; von etwas rechts unterhalb des Wegs hören wir den Kienbach rauschen. Es geht nun abwechselnd mal steiler, mal weniger steil bergauf. Die Kühle im Wald tut an heißen Sommertagen richtig gut.

Nach knapp 1 Std. haben wir unser erstes Ziel erreicht: Über eine steile Treppe wird der Heilige Berg mit dem Kloster Andechs erklommen, wo uns im Klosterstüberl oder auf der Terrasse eine willkommene Brotzeit erwartet.

Das Kloster Andechs Seit mehr als 550 Jahren betreuen die Benediktiner das Kloster Andechs auf dem Heiligen Berg und haben mit den dazugehörigen Wirtschaftsbetrieben die finanzielle Unabhängigkeit des Klos-

Linke Seite:
Der Kirchturm des Andechser Klosters ist weithin sichtbar.

DIE WELT DES BIERBRAUENS

Die Brauereiführung im Kloster Andechs vermittelt die Geschichte des Bierbrauens, erklärt die Grundstoffe und den Brauvorgang und führt durch Sudhaus, Gär- und Lagerkeller sowie zu den Filtrations- und Abfüllanlagen. Sie findet von Anfang Juni bis Mitte Oktober jeden Montag und Dienstag um 13.30 Uhr statt; Treffpunkt ist die Brauerei unterhalb des Klosters rechts gegenüber des großen Parkplatzes. Eine Voranmeldung ist nicht erforderlich.

Boote in der Herrschinger Bucht

ters erreicht. Neben der Brauerei sind es vor allem weitläufige Ländereien, die die Grundstoffe für zahlreiche Andechser Produkte wie Brot oder Käse liefern. Zu den Sehenswürdigkeiten des Klosters zählt in erster Linie die Kirche mit ihren Stuckarbeiten aus der Zeit des bayerischen Barock und Rokoko (17.–18. Jh.).

Gleich beim Eintreten beeindruckt die große Pracht der Ausstattung. Auf der linken Seite sehen wir eine umfangreiche Sammlung von Votivkerzen; die älteste davon ist fast 500 Jahre alt. Der goldfarbene Hochaltar ist ursprünglich schon 1608 entstanden, wurde aber nach einem Brandschaden im Jahr 1669 und bei späteren Renovierungsarbeiten immer wieder umgebaut. Auffallend sind die vielen Seitenkapellen links und rechts. Im oberen Geschoss sehen wir noch weitere Seitenkapellen, außerdem können wir einen Blick nach oben auf die zahlreichen Fresken, Heiligenfigu-

ren und Stuckaturen sowie im hinteren Bereich auf die Orgel aus dem Barock werfen. Am schönsten ist die herrliche Aussicht vom Turm der Klosterkirche über das ganze Fünf-Seen-Land.

Hinunter zum Ammersee Der weitere Weg führt zunächst über die Treppe wieder zurück ins Kiental. Dort halten wir uns links, überqueren auf der kleinen Brücke den Kienbach und steigen auf der anderen Talseite die Treppenstufen hinauf. Oben geht es auf dem Hörndlweg rechts und nach dem nächsten Haus gleich wieder links auf einem Fußweg über die Wiese. Nach etwa 80 Meter halten wir uns links und nach weiteren 200 Meter gehen wir rechts durch den Wald hinunter. Wir überqueren die Autostraße und folgen dem Waldweg weiter bergab. Nach Überqueren einer kleinen Brücke halten wir uns halb rechts, nach der langen Geraden wieder halb rechts. Danach überqueren wir die Autostraße, gehen rechts etwa 200 Meter auf dem Gehweg, biegen beim Parkplatz links ab und erreichen das Ufer des Ammersees.

Am Ufer entlang Hier halten wir uns rechts und folgen auf dem Fußweg zurück in Richtung Herrsching. Zwischen dem Schilf kommen wir immer wieder direkt ans Ufer, um zu baden, uns zu sonnen oder einfach nur die Weite des Sees zu genießen. Der Ammersee erstreckt sich über 16 Kilometer von Norden nach Süden und ist auf der Höhe von Herrsching etwa 6 Kilometer breit. Er ist – ähnlich wie die meisten umliegenden Seen – beim Abschmelzen der Eiszeitgletscher entstanden und war ursprünglich etwa fünfmal so groß wie heute. Die Verlandung ist hauptsächlich auf den Fluss Ammer zurückzuführen, der im Süden in den See mündet und jede Menge Sand und Geröll aus dem Voralpenland am Seegrund ablädt und im Norden wieder als Amper den Ammersee verlässt.
Der Uferweg endet direkt an der Promenade in Herrsching. Lediglich bei starkem Hochwasser müssen wir bereits bei den ersten Häusern rechts hinaufgehen und die letzten 200 Meter oberhalb des Sees auf der Mühlfelder Straße zurücklegen. Entlang der Uferpromenade gibt es dann viele Einkehrmöglichkeiten. Vom Kurparkschlössl kommen wir auf einem kleinen Fußweg in wenigen Minuten zum Bahnhof zurück.

DIE SEILBAHN ZUM HEILIGEN BERG

Im Herbst 2003 machte in Herrsching eine »touristische Sensation« die Runde: Es war geplant, eine Personenseilbahn direkt vom Herrschinger Bahnhof hinauf zum Kloster Andechs zu bauen. Spätestens jedoch, als bekannt wurde, dass die Firma »Toll Collect« die automatische Gebührenerfassung durchführen sollte, war klar, dass es sich bei der Sache um einen gelungenen Scherz handelte.

35 RUND UM DEN WINDACHSPEICHER

Ruhige Wanderung in abgeschiedenen Gefilden

leicht | 6 km | 40 m | 2:15 Std.

Windachsee-Alm – Obermühlhausen – Windachsee-Alm

CHARAKTER

Die Rundtour führt größtenteils über gut befestigte Wanderpfade und landwirtschaftlich genutzte Güterwege ohne nennenswerte Steigungen und Abstiege.

AUSGANGS-/ENDPUNKT

Parkplatz am Nordufer des Stausees

ANFAHRT

Anreise mit dem Fahrrad von Utting am Ammersee oder Landsberg am Lech (siehe Kasten). Mit dem Auto nimmt man die Autobahn A 96 München–Lindau und fährt von der Ausfahrt Windach ca. 8 km in südlicher Richtung durch Oberfinning zum Windachsee. Der Weg ist ab Oberfinning ausgeschildert; am Nordufer liegt ein großer Parkplatz.

GEHZEITEN

Windachsee-Alm – Obermühlhausen 1:15 Std., Windachsee-Alm 1 Std.

WEGWEISER

Keiner

KARTE

Kompass-Wanderkarte Nr. 189: Landsberg am Lech/Ammersee, 1:50 000

SPEZIELLE HINWEISE

Wer mit dem Fahrrad hinfährt, lässt dieses am besten beim Fahrradständer an der Windachsee-Alm zurück und macht die Wanderung zu Fuß.

EINKEHR

Windachsee-Alm am Nordostufer des Stausees, warme und kalte Gerichte, Pizza, Kaffee und Kuchen, März bis November täglich 11–20 Uhr geöffnet, November bis März nur am Wochenende

INFORMATION

Tourismusverband Ammersee-Lech, Von-Kühlmann-Straße 15, 86899 Landsberg am Lech, Tel.: 08191/471 77, Fax: 08191/129450, E-Mail: info@ammerseelech.de, Internet: www.ammerseelech.de

Unterwegs am Westufer

Der Windachspeicher zwischen Ammersee und Lech ist nur wenigen bekannt. Von daher lässt es sich hier in Ruhe und Abgeschiedenheit um den Stausee wandern.

Der Windachspeicher Die Windach ist auf den ersten Blick ein unscheinbarer Bach, der in der hügeligen Moränenlandschaft westlich des Ammersees bei Gimmenhausen entspringt. Auf ihrem kurzen Weg von knapp 28 Kilometer Länge bis zur Mündung in die Amper läuft sie jedoch beim Windachspeicher zu voller Größe auf: Hinter einem knapp 13 Meter hohen und rund 240 Meter langen Damm wird die Windach zu einem fast 2 Kilometer langen See aufgestaut, der insbesondere das Herz der Erholungssuchenden und der Sportfischer erfreut.

Der eigentliche Grund für den Bau des Speichers waren die Hochwasserschäden, die die Windach fast jedes Jahr in ihrem Unterlauf anrichtete. Nach intensiven Regenfällen wurde das normalerweise gemächlich dahinfließende Gewässer zum reißenden Wildbach, der die tiefer liegenden Fluren und Bauernhöfe von Finning, Windach, Greifenberg und Eching or-

dentlich unter Wasser setzte. Um diesen Missstand zu beheben, wurde in den 1960er-Jahren der Staudamm gebaut, um das Hochwasser erst zurückhalten zu können und später kontrolliert ablaufen zu lassen. Nebenbei wird damit in einem Kleinkraftwerk umweltfreundlicher Strom produziert.

Die Markierung im Wasser begrenzt den Badeplatz bei der Windachsee-Alm.

Am Ostufer des Stausees entlang Vom Parkplatz aus sehen wir zunächst nur die hohe Staumauer, die sich fast bedrohlich vor den Ankommenden aufbaut. Vom See ist keine Spur zu erkennen. Erst wenn wir links über etliche Stufen die Staumauer erklommen haben, blicken wir auf das längs ausgestreckte Gewässer. Vorbei an der Gaststätte »Windachsee-Alm« gehen wir direkt auf die große Badewiese zu. An deren hinterem Ende beginnt ein Wanderweg, der leicht ansteigend in einen Fichtenwald hineinführt. Von oben haben wir zwischen den Bäumen hindurch einen schönen Blick auf den Stausee. Wenn das Wasser nicht besonders hoch steht, können wir an einigen Stellen zum Ufer hinab- und von den Kiesbänken aus ins Wasser steigen.

Umweg über Obermühlhausen Der Wanderweg verläuft in Ufernähe bis ans Ende des Sees, wo wir zwischen dem Schilf den kleinen Zufluss erkennen können. Auf den dahinter liegenden Wiesen wachsen unzählige Herbstzeitlose. Die Wiesen zählen zum Rückstaugebiet und werden bei Hochwasser hin und wieder überschwemmt. Von daher müssen wir einen großen Umweg über Obermühlhausen machen, um auf die andere Seite des Windachspeichers zu gelangen.
Bereits bei den ersten Häusern biegen wir wieder rechts in Richtung Stausee ab, halten uns dann links und gelangen in einem weiten Bogen in ein Waldstück oberhalb des Gewässers. Zwischen den Bäumen hindurch gelangen wir auf einem schmalen Pfad hinunter ans Ufer und können dort bis zur Staumauer zurückwandern. Sollte wegen eines hohen Wasserstands der Uferweg unpassierbar sein, nehmen wir statt dessen einen etwas höher parallel dazu verlaufenden Waldweg. In beiden Fällen kommen wir wieder zur »Windachsee-Alm« zurück.

Idealer Rastplatz im Schatten dieses herrlichen Laubbaums

DIE SUPER-8 VOM AMMERSEE

In Form einer liegenden »Acht« lässt sich das Gebiet zwischen Landsberg am Lech und dem Ammersee mit dem Fahrrad erkunden. Die speziell ausgeschilderte Route führt auch am Windachspeicher vorbei.
Weitere Infos gibt es dazu beim Tourismusverband Ammersee-Lech, Tel.: 08191/471 77.

36 DER LECHPARK PÖSSINGER AU

Von Landsberg am Lech nach Süden

mittel | 14 km | 80 m | 4 Std.

Landsberg – Pitzling – Lechufer – Pitzling – Wildpark – Landsberg

CHARAKTER
Gemütliche Wanderung auf durchgängig gut befestigten breiten Wanderwegen

AUSGANGS-/ENDPUNKT
Lechbrücke in Landsberg

ANFAHRT
Stündliche Bahnverbindung auf der Strecke München–Memmingen mit Umsteigen in Kaufering. Mit dem Auto fährt man auf der Autobahn A 96 München–Lindau bis zur Ausfahrt »Landsberg Ost«. In der Stadt nimmt man am besten die Tiefgarage am Schlossberg.

GEHZEITEN
Landsberg – Pitzling 1:30 Std., Lechufer 30 Min., Wildpark: 1:30 Std., Landsberg 30 Min.

WEGWEISER
Pitzling

KARTE
Kompass-Wanderkarte Nr. 189: Landsberg am Lech/Ammersee, 1:50 000

SPEZIELLE HINWEISE
Die Wanderung ist auch im Winter gut zu machen.

EINKEHR
Teufelsküche, auf halber Strecke zwischen Landsberg und Pitzling, kalte und warme Gerichte, Mo Ruhetag, Tel.: 08191/50540

INFORMATION
Tourismusverband Ammersee-Lech, Von-Kühlmann-Straße 15, 86899 Landsberg am Lech, Tel.: 08191/47177, Fax: 08191/129450, E-Mail: info@ammerseelech.de, Internet: www.ammerseelech.de; Kultur- und Fremdenverkehrsamt im Historischen Rathaus, Hauptplatz 152, 86899 Landsberg am Lech, Tel.: 08191/128246, Fax: 08191/128160, E-Mail: fremdenverkehrsamt@landsberg.de, Internet: www.landsberg.de

Ausblick auf den gestauten Lech

Gleich hinter der Stadtgrenze von Landsberg am Lech beginnt ein großes Landschaftsschutzgebiet, das sich am Ufer des Lechs hinzieht. Nach der Wanderung durch eine interessante Flora und Fauna kann man sich in einem Kneippbecken von dem Fußmarsch erholen.

Der Reichtum von Landsberg Im Mittelalter galt die Salzstraße als eine der größten Handelsstraßen Europas, auf der das wichtige Gut trans-

portiert wurde. Und mit dem weißen Gold kam auch das große Geld nach Landsberg: Die durchreisenden Fuhrleute mussten nämlich hier ihr Salz abladen und drei Tage lagern. Für diese Prozedur wurden ihnen, zusätzlich zum Brücken- und Pflastergeld, weitere Gebühren abverlangt. So mussten die damaligen Handelsleute bis zu zehn Zölle zahlen, um die Stadt passieren zu dürfen. Ganz so schlimm ist es heute in Landsberg nicht mehr, doch die Zeit auf der Parkuhr sollte man trotzdem nicht überschreiten, sonst droht schnell eine Strafgebühr.

Von Landsberg nach Pitzling Von der Lechbrücke in Landsberg gehen wir auf der linken Seite flussaufwärts und kommen schon nach wenigen hundert Metern in den Lechpark. Der gekieste Weg führt stets am Ufer entlang in Richtung Süden. Unterwegs finden wir immer wieder Ruhebänke. Hier kann man sich niederlassen und in Ruhe die Wasseroberfläche betrachten. Sowohl hinter der Staustufe bei Pössling als auch später in Pitzling können wir in dem breit aufgestauten Wasser baden.
Südlich von Pitzling können wir ein Stück weit auf einem Trampelpfad durch die Auenlandschaft streifen und dabei Vögel in den Büschen beobachten, etwas weiter entfernt Schwäne in ihrem Brutgebiet sehen sowie Amphibien im Unterholz erspähen. Zurück in Pitzling wandern wir am Uferweg retour bis zum Gasthaus »Teufelsmühle« und steigen dann rechts den Weg am Bach entlang hinauf. Oben ankommen, sehen wir einen Aussichtspunkt, von dem aus wir etwa 60 Meter höher den Verlauf des Lechs sehen können.

Wildgehege und Kneippbecken Wir folgen nun dem Waldweg parallel zum Lech in Richtung Landsberg und passieren das Wildgehege, in dem das Damwild frei umherläuft. Kurz darauf steigen wir auf einem schmalen Steig den Abhang hinunter und kommen direkt bei dem Kneippbecken heraus, in dem wir unsere müden Füße im Wasser erfrischen können. Es kostet zwar etwas Überwindung, barfuß in das eiskalte Wasser zu steigen, doch hinterher spürt man sofort die anregende Wirkung des flüssigen Elements. Kaum sind die Füße abgetrocknet, fühlt man sich so entspannt, als könne man gleich noch einmal die gleiche Wegstrecke zurücklegen. Das ist aber nicht notwendig, denn schon rund 500 Meter weiter gelangen wir wieder auf den Uferweg, der uns zurück nach Landsberg führt.

ROMANTIK AM LECH

Im Mittelalter verlief die Salzstraße von Salzburg mitten durch Landsberg am Lech. Für die Durchfahrt mussten die Fuhrleute nicht unerheblichen Zoll bezahlen, der der Stadt ihre heutige Pracht bescherte. Das Fremdenverkehrsamt am Hauptplatz gibt einen kostenlosen Faltplan heraus, in dem ganze 28 Sehenswürdigkeiten in Landsberg eingezeichnet sind, die auf einem Rundgang erkundet werden können. Sonntags und mittwochs gibt es am Nachmittag jeweils um 14.30 Uhr eine ausführliche Stadtführung.

MUSEEN IN LANDSBERG

Die Stadt bietet ihren Besuchern zwei interessante Museen: Das Herkomer-Museum in der Von-Kühlmann-Straße 2 enthält Gemälde, Grafiken, Plastiken und Erinnerungsstücke des englischen Künstlers (Di–So 14–17 Uhr); das Neue Stadtmuseum in der Von-Helfenstein-Gasse 426 beherbergt einen Querschnitt durch die Landsberger Geschichte von frühgeschichtlichen Funden über mittelalterliche Beispiele der örtlichen Handwerkskunst bis hin zu Ausstellungen zeitgenössischer Künstler (Di–So 14–17 Uhr, Tel.: 08191/94 23 26).

In der Auenlandschaft südlich von Pitzling halten sich unzählige Wasservögel auf.

37 UM DIE BAD WÖRISHOFENER STAUSEEN

Bingstetter, Frankenhofer und Wörishofener See

mittel | 18 km | 40 m | 5 Std.

Stockheim – Schlingen – Stockheim – Jachthafen – Stockheim

CHARAKTER
Einfache, aber etwas weite Wanderung auf gut befestigten Wegen um mehrere Stauseen

AUSGANGS-/ENDPUNKT
Ortsteil Stockheim bei der Wertach-Brücke

ANFAHRT
Stündliche Bahnverbindung auf der Strecke München–Lindau mit Umsteigen in Buchloe. Vom Bahnhof in Bad Wörishofen fährt viermal täglich (außer Mo) der Kurbus (grüne Linie) nach Stockheim. Mit dem Auto nimmt man auf der Autobahn A 96 München–Lindau die Ausfahrt Bad Wörishofen und biegt auf der Umgehungsstraße links ab nach Stockheim. Vor der Wertachbrücke kann man rechts in einer Seitenstraße parken.

GEHZEITEN
Stockheim – Schlingen 1:30 Std., Stockheim 1:30 Std., Jachthafen 1 Std., Stockheim 1 Std.

WEGWEISER
Schlingen, Jachthafen

KARTE
Kompass-Wanderkarte Nr. 189: Landsberg am Lech/Ammersee, 1:50 000

SPEZIELLE HINWEISE
Wem die Strecke insgesamt zu lang ist, der kann das nördliche Teilstück zum Jachthafen einfach weglassen.

EINKEHR
Gasthof Goldenes Rössle, Allgäuer Str. 20, 86825 Schlingen, Do ab 17 Uhr, Fr–Di 11–14 Uhr und ab 17 Uhr geöffnet, schwäbische Küche, Wild- und Fischgerichte, vegetarische Vollwertkost, Tel.: 08247/1357

INFORMATION
Städtische Kurdirektion, Luitpold-Leusser-Platz 2, 86825 Bad Wörishofen, Tel.: 08247/993355, Fax: 08247/993359, E-Mail: info@bad-woerishofen.de, Internet: www.bad-woerishofen.de

Der Stockheimer See ist für seinen Fischreichtum bekannt.

Ruhe und Entspannung stehen im Vordergrund, wenn es auf einsamen Wegen um den Stausee herum geht. Entenpaare, die ihre Jungen im Schilf heranziehen, Fische, die nach Futter schnappen, und zwitschernde Vögel in der Luft sind meist die einzigen Begleiter.

Die Kneippstadt Bad Wörishofen Am 17. Mai 2001 feierte die Stadt Bad Wörishofen den 180. Geburtstag von Sebastian Kneipp, der als Pfarrer hier tätig war und in seinen Büchern die wohltuende Wirkung von Wasser auf die Haut beschrieb, die eigentlich schon seit der Römerzeit bekannt war und durch ihn eine Renaissance erlebte. Durch ihn und seine Kneippkur erlangte das einstige Bauerndorf einen hohen Bekanntheitsgrad und lädt heute als Kneippstadt Gäste aus aller Welt zum Erholen und Kneippen ein. Im Rahmen einer Kur darf natürlich auch das Wandern nicht fehlen.

Der Frankenhofer See wird komplett umrundet.

Von Stockheim zum Bingstetter See Die Rundtour um die Stauseen von Bad Wörishofen beginnt im Ortsteil Stockheim und führt zunächst auf der rechten Seite der Wertach flussaufwärts. Nach etwa 15 Min. Gehzeit ist das erste Stauwehr erreicht; dahinter breitet sich der Bingstetter See aus. Das Ufer ist stellenweise mit Schilf bewachsen, und an einigen Plätzen stehen gelb blühende Seerosen im Wasser. Außer einigen Fischern trifft man hier jedoch kaum jemanden an. Oben auf dem Damm stehen einige Sitzbänke, von denen aus man die Szenerie in Ruhe beobachten kann.

Hat man das Ende des Sees hinter sich gelassen, liegt bereits hinter dem nächsten Stauwehr der größere Frankenhofer See. Wer zwischenzeitlich eine Pause einlegen will, findet in dem nahe gelegenen Ort Schlingen eine Einkehrmöglichkeit.

Zurück nach Stockheim Wir umrunden den Frankenhofer See und kommen nach einem längeren Fußmarsch auf der anderen Seite des Bingstetter Sees und dem gegenüberliegenden Wertachufer wieder nach Stockheim zurück. Wer schon müde ist, kann die Wanderung an diesem Punkt beenden.

Weiter zum Jachthafen Für alle anderen gibt es noch einen weiteren See als Zugabe: Wir folgen der Wertach auf der rechten Seite in Richtung Norden und sehen bald darauf den Wörishofener See vor uns. Der am nördlichen Ufer gelegene Jachthafen beschränkt sich jedoch auf einige Segeljollen, die bei entsprechenden Windverhältnissen auf dem See unterwegs sind. Mehrmals im Jahr finden hier Segelregatten statt. Auch Windsurfer kommen gerne hierher.

Der Rückweg nach Stockheim erfolgt auf der westlichen Seite der Wertach, in knapp 1 Std. kommen wir wieder an unseren Ausgangspunkt zurück. Als kulturellen Abschluss der Tour empfiehlt sich ein Besuch der Kirche St. Michael aus dem 15. Jh. Besonders sehenswert darin ist ein Deckenfresko, das der Augsburger Künstler Johann Anton Huber 1793 gemalt hat.

IMMER DER NASE NACH

Im Duft- und Aromagarten des Kurparks von Bad Wörishofen stehen 250 Pflanzen, darunter Prachtnelken, Lavendel, Artemisien, Waldreben, Minzen und Lilien, die allen einen ganz eigenen, recht intensiven Duft aussenden. Speziell für Blinde und Sehbehinderte gibt es eine Tastgalerie, und eine Wiese lädt zum morgendlichen Barfußlaufen ein.

TULPEN AUS BAD WÖRISHOFEN

Zu Beginn des Frühlings verwandelt sich ein Teil Bad Wörishofens in ein farbenprächtiges Blütenmeer: Mit über 40000 Tulpen dürfte der 1200 Meter lange Tulpenpfad mitten durch die Stadt das größte Tulpenfeld außerhalb Hollands sein. Zudem sind in 60 Beeten 30000 Krokusse, 15000 Narzissen und 25000 weitere Frühlingsblüher gepflanzt worden, die bei zunehmender Wärme ihre Blüten entfalten.

38 VON HALBLECH ZUR KENZENHÜTTE
Durch das Halblechtal

schwierig | 22 km | 520 m | 6 Std.

Halblech – Reiselbergbrücke – Lettenfleck – Kenzenhütte – Halblech

CHARAKTER
Abwechslungsreiche Wanderung auf ansteigenden Forststraßen entlang dem Halblech bis Lettenfleck und weiter auf Waldsteigen bis zur Kenzenhütte.

AUSGANGS-/ENDPUNKT
Wanderparkplatz Bruckschmied an der B 17 bei der Brücke über den Halblech am westlichen Ortsende von Halblech

ANFAHRT
Stündliche Bahnverbindung von Ulm nach Füssen und von dort weiter mit dem Bus Nr. 73 nach Halblech. Mit dem Auto nimmt man aus Richtung Ulm die Autobahn A 7 und fährt vom Autobahnende weiter über Füssen oder über Seeg und Roßhaupten nach Halblech. Aus München fährt man auf der Autobahn A 96 bis zur Ausfahrt Landsberg/Lech und kommt dann auf der Bundesstraße B 17 nach Halblech.

GEHZEITEN
Halblech – Reiselbergbrücke 1:15 Std., Lettenfleck 1 Std., Kenzenhütte 1 Std., Halblech 2:45 Std.

WEGWEISER
Kenzenhütte

KARTE
Wanderkarte Halblech, AVA-Verlag, 1:30 000

EINKEHR
Kenzenhütte, über Ostern und ab Himmelfahrt durchgehend bis Ende Oktober geöffnet, große Terrasse, warme Gerichte, Brotzeiten, Übernachtungsmöglichkeit, Tel.: 08368/390

INFORMATION
Gästeinformation Halblech, Bergstraße 2 a, Ortsteil Buching, 87642 Halblech, Tel.: 08368/285, Fax: 08368/7221, E-Mail: info@halblech.de, Internet: www.halblech.de

Am Bockstallsee sind die Berge schon fast zum Greifen nah.

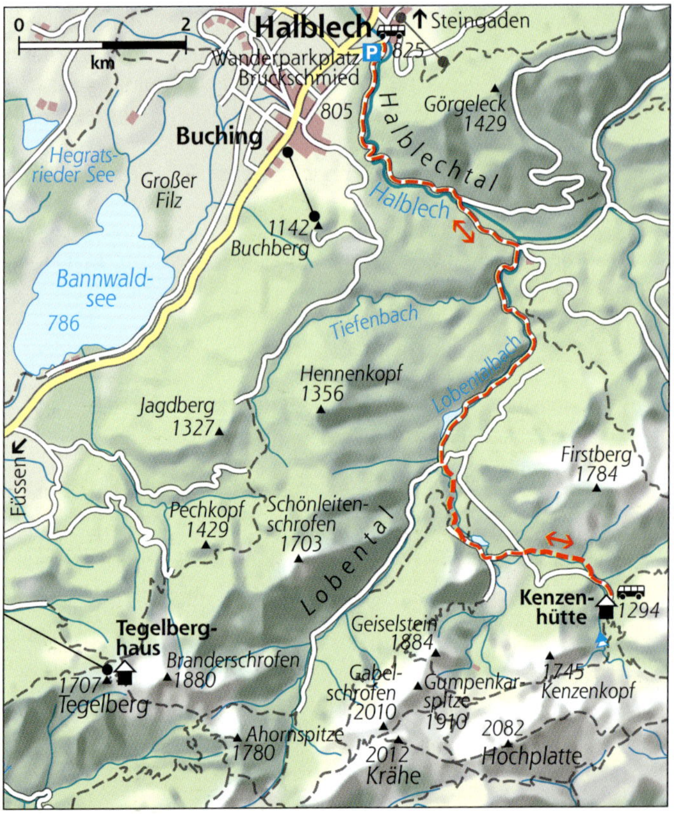

Der Weg zur Kenzenhütte ist weit; dennoch kommt unterwegs keine Langeweile auf: Zunächst sorgt der seitlich entgegenkommende Halblech mit seinen Badestellen für Abwechslung, später laden mehrere kleine Stauseen zur Pause ein, und zum Abschluss gibt es Speis und Trank in der Kenzenhütte.

Das idyllische Halblechtal Der Halblech ist so etwas wie der kleine Bruder des Lechs, die beide im Premer Lechsee zusammenfließen. Schon die bayerischen Könige haben das romantische Tal des Halblechs mit seinen grünen Wiesen und den Ammergauer Bergen mit dem »Ostallgäuer Matterhorn«, dem Geiselstein (1884 m), ins Herz geschlossen. »Little Canada« nennt die freundliche junge Frau im Tourismusbüro das Hochtal – und sie hat Recht: Zu beiden Seiten des rauschenden Bachs stehen die dunklen Tannen dicht beieinander, und im Hintergrund sind die felsigen Berggipfel zu sehen.

Vom Wanderparkplatz führt die Tour zunächst auf einer breiten Asphaltstraße, die für den allgemeinen Autoverkehr gesperrt ist, am Halblech entlang in das weite Tal hinein. Das kniehohe Wasser und die etwas tieferen Gumpen laden zu einem erfrischenden Bad ein. Viele Erholungssuchende verbringen den ganzen Tag am Wasser, und die Wanderer können am Spätnachmittag ihre Tour hier ausklingen lassen.

Durch das Bockstalltal zur Kenzenhütte Bei der Reiselbergbrücke geht es an einer Abzweigung rechts ab auf eine ansteigende Forststraße. Linker Hand fließt jetzt der Lobentalbach, dessen Seite im weiteren Verlauf mehrmals gewechselt wird. Kurz vor Lettenfleck passieren wir den ersten großen Stausee, an dessen oberem Ende das Bockstalltal beginnt. Wir entscheiden uns hier für den schmalen Steig, der durch den Wald zum Bockstallsee hinaufführt. Wer mit dem Kinderwagen unterwegs ist, kann ab Lettenfleck auf dem Güterweg über Vordertörle direkt zur Kenzenhütte fahren.

Am hinteren Ende des Bockstallsees geht es links zur Wankerfleckkapelle und von dort über einen steil ansteigenden Steig zur Kenzenhütte hinauf. Auch hier kann man als Alternative den flacheren Güterweg nehmen, wobei man nicht einmal 10 Min. länger unterwegs ist. Die Kenzenhütte ist im Sommer bewirtschaftet, und von der Terrasse hat man einen sehr schönen Blick auf die umliegenden Gipfel.

Der Geiselstein ist ein beliebtes Ziel für Kletterer, daher kann man immer wieder die mit Seil, Schutzhelm und Haken ausgestatteten Menschen von der Hütte aus losgehen sehen. Folgt man von der Kenzenhütte dem Wegweiser in Richtung Geiselstein, kommt man nach wenigen Minuten zu einem schönen Wasserfall.

Für den Rückweg zum Wanderparkplatz in Halblech empfiehlt sich die gleiche Route, die wir gekommen sind.

DIE KAPELLE AM WANKERFLECK

Die idyllisch auf einer Waldwiese mit Blick auf den Geiselstein gelegene Kapelle am Wankerlfleck gilt als Wahrzeichen von Halblech. Hier wird in einem großen Buch der vielen Menschen gedacht, die bei Bergunfällen in der gesamten Region ums Leben gekommen sind.

DER KENZENBUS

Mit einem Kleinbus kann die Strecke zur Kenzenhütte bzw. zurück gefahren werden. Abfahrt am Wanderparkplatz in Halblech ist um 8, 9, 10, 11, 13.30 und 17 Uhr, Rückfahrt ab der Kenzenhütte ist um 10.30, 14, 16 und 17.30 Uhr. Eine Fahrt kostet für Erwachsene 3,50 Euro. Weitere Infos unter Tel.: 08368/550

Abkühlung nach der Wanderung im Halblech

39 DURCH DIE BREITACHKLAMM NACH RIEZLERN

Die donnernde Naturgewalt

leicht | 8 km | 300 m | 3 Std.

Breitachklamm – Gaststätte Waldhaus – Riezlern

CHARAKTER

Die Durchschreitung der Klamm erfolgt auf einem engen, zum Teil treppenförmig angelegten Steig. Oberhalb der Klamm öffnet sich das Tal, der Weg wird breiter und führt meist nur gering ansteigend stets am Fluss entlang dem Ziel entgegen. Bei gutem Wetter ist die Klamm oft überlaufen; bei Regen ist gutes Schuhwerk erforderlich.

AUSGANGSPUNKT

Gasthof Breitachklamm südlich von Tiefenbach

ENDPUNKT

Riezlern

ANFAHRT

Mit dem Auto über Oberstdorf und Tiefenbach zum Gasthaus Breitenklamm (großer Parkplatz); mit dem Zug bis Oberstdorf, dort weiter mit dem häufig verkehrenden Bus

RÜCKFAHRT

Von Riezlern mit dem Bus über Oberstdorf zum Ausgangsort zurück (hoch frequentierte Strecke)

GEHZEITEN

Breitachklamm – Ausgang Schlucht 1 Std., Gaststätte Waldhaus 30 Min., Riezlern 1:30 Std.

WEGWEISER

Die Breitachklamm und Riezlern sind gut ausgeschildert.

KARTE

Kompass-Wanderkarte Nr. 03: Oberstdorf – Kleinwalsertal, 1:30000

EINKEHR

Gaststätte Waldhaus, Tel.: 0043/8329/6823

INFORMATION

Verkehrsamt Oberstdorf, Marktplatz 7, 87561 Oberstdorf, Tel.: 08322/7000, Fax: 08322/700236, E-Mail: info@oberstdorf.de, Internet: www.oberstdorf.de

Blick aus der Breitachklamm gegen steilen Fels und blauen Himmel

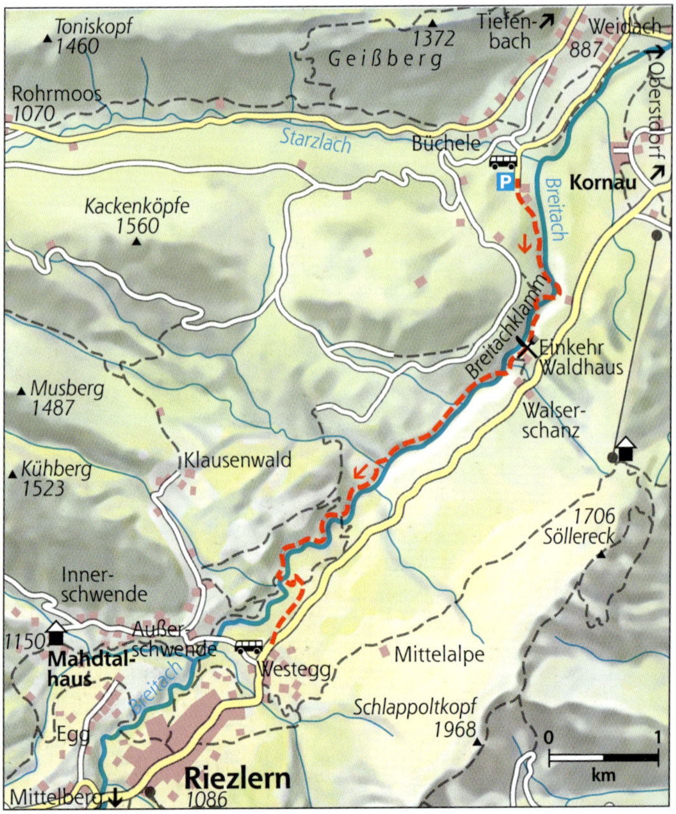

In der Breitachklamm stürzt das klare Bergwasser tosend durch die enge Schlucht, sammelt sich in tiefen Gumpen und versprüht feinste Tröpfchen in alle Richtungen, was gelegentlich ein prachtvolles Lichtspiel hervorruft. Seit der Eiszeit hat sich das Wasser nahezu 100 Meter tief in das erosionsanfällige Gestein eingefräst. Nach der prickelnd-spritzigen Durchquerung öffnet sich das Tal, und die Sonne begrüßt uns durch lichtes Baumgeäst.

Gefahren in der Breitachklamm Seit 1905 ist die Breitachklamm – früher als »Große Zwing« bekannt – als Wanderweg erschlossen. Unter großem Aufwand bahnten sich die Tiefenbacher, ermutigt von ihrem Pfarrer Johannes Schiebel, einen gangbaren Weg durch die gewaltige Schlucht. Dabei mussten sie vor mancher Gefahr auf der Hut sein: Im Sommer schwoll der Wasserpegel nach Gewittergüssen dramatisch an, auch drohten massive Felsstürze; im Winter und Frühjahr stürzten hingegen Lawinen und Eiszapfen herab und veränderten immer wieder das Gesicht der Schlucht.
Derlei Gefahren sind auch in der heutigen Zeit zu beachten, weshalb die Breitachklamm während der Schneeschmelze und nach Unwettern aus Sicherheitsgründen geschlossen bleibt. Die Weganlangen jedenfalls müssen immer wieder mal erneuert oder zumindest in Schuss gehalten werden. Um die Kosten im Zaum zu halten, wird für die Besichtigung der Klamm Eintritt erhoben. Hinter dem Parkplatz am Gasthof Breitachklamm passieren wir das Kassenhäuschen (Erwachsene 2,50 Euro, Kinder bis 15 Jahren 1,20 Euro, letzter Einlass 17 Uhr), dann erreichen wir rasch den Eingang zur düsteren Schlucht.

Der Breitachklamm entronnen, finden sich im weiteren Verlauf jede Menge entspannende Orte am Bachufer.

Zwischen Riezlern und dem Gasthof Breitachklamm büßt der tosende Fluss etliche Höhenmeter ein. Für hohe Fließgeschwindigkeit ist somit gesorgt.

DER SCHUHGIGANT IN OBERSTDORF

Wir wissen ja aus eigener Erfahrung, dass der Wanderschuh immer gut passen muss, um vor lästigen Wehwehchen gefeit zu sein. Doch welchem Riesen soll bitte der 1,65 Meter lange Schuh passen, der als Leihgabe des Hauensteiner Schuhmuseums in Oberstdorf gelandet ist? Immerhin war dem größten Schuh der Welt ein Eintrag in das Guinness-Buch der Rekorde sicher. 216 Menschenfüße würden in diesen Schuh passen oder anders herum: Man müsste 10,80 Meter groß sein und die Schuhgröße 247 haben, um in diesem Schuhgiganten laufen zu können. Zu sehen ist das lederne Kunstwerk im Heimatmuseum Oberstdorf, Oststraße 13.

Im Bann der Naturgewalt Dort werden wir gleich von der Kulisse der fast 100 Meter hohen senkrechten und überhängenden Klammwände gefangen genommen. Die Klamm selbst ist teilweise nur wenige Meter breit; manche tiefgrünen Moose und zierlichen Farne haben noch nie das Sonnenlicht erblickt. Blickt man nach oben, lugt der Himmel wie ein verschmitzt lachendes Auge durch den dunklen Felsspalt. Einige unerschrockene Fichtenbäume erheben sich kühn auf kleinsten Felsvorsprüngen. An engen Stellen ist Vorsicht bei Gegenverkehr geboten: Eine Kopfnuss von der überhängenden Felswand kann leicht zu einem Brummschädel führen.

Die Breitach ist in der Schlucht eng in ihr felsiges Flussbett gepresst und bahnt sich unter lautem Getöse ihren Weg. Dabei überwindet sie mehrere Wasserfälle und sammelt sich immer wieder in smaragdgrünen Gumpen. Nördlich von Oberstdorf vereinigt sich der Fluss mit seinen Geschwistern Trettach und Stillach zur Iller.

Bei Unwettern schwillt der Wasserpegel im engen Flussbett dramatisch an. Im Jahr 1996 ergoss sich eine Flutwelle von ca. 300 000 Kubikmeter innerhalb weniger Minuten durch die Klamm; der Wasserstand-Rekord von 4,74 Meter über dem Weg ist bis heute ungebrochen. Dabei riss die Urgewalt des Wassers alles Erdenkliche gnadenlos mehrere Kilometer weit fort – Menschen hätten in diesem Strominferno nicht die geringste Chance gehabt.

Ein andere Naturgewalt offenbart sich im Winter: Die Bäche, die im Sommer in die Klamm herabrinnen, verwandeln sich in bizarre Eisströme, und an den tropfnassen Felswänden bilden sich gewaltige Eiszapfen – man fühlt sich wie in einem majestätischen Eispalast. Zudem türmt sich in niederschlagsreichen Wintern der Schnee unter Umständen meterhoch.

Bald nehmen die beengten Verhältnisse in der Schlucht jedoch ein Ende: Flussaufwärts wird das Tal der Breitach immer breiter. Treppenartig führt der Steig zum Kassenausgang und weiter über eine Brücke auf die andere Seite des Bachs. Über Wurzeln, Stock und Stein geht es fortan dem Ziel entgegen. Immer wieder führen Pfadspuren in das einladend breite Bachbett hinab. Hier hat die Natur mit klarem Quellwasser, mannshohen Felsbrocken und zurückgebliebenem Schwemmholz einen aufregenden Abenteuerspielplatz hinterlassen. In dieser reizvollen Landschaft schmeckt die mitgebrachte Brotzeit noch besser als gewöhnlich.

Über das Waldhaus nach Riezlern Eine andere Möglichkeit, sich zu stärken, bietet die idyllisch in einer Waldlichtung gelegene Gaststätte Waldhaus. Auf der Terrasse kann man abseits von Verkehr und Lärm entspannt alle viere von sich strecken und sich mit Milchreis mit Zimtzucker und Kirschen oder Erdbeerbuttermilch stärken. Für Kleinkinder steht ein Puppenhäuschen mit Sandkasten, Minirutsche und Spielsachen bereit.
Im Schlussabschnitt der Wanderung ändert sich der Charakter der Tour nur geringfügig. Der munter sprudelnde Bach wird permanent unser Begleiter sein, bevor uns die gut markierte Route zuletzt ansteigend aus der bewaldeten Schlucht in den Ortskern von Riezlern führt. Die Gemeinde besteht aus den weit verstreuten Weilern Inner- und Außerschwende, Egg, Seite und Straußberg, die sich rund um die Schlucht gruppieren. Vom Zentrum gelangen wir mit dem Bus über Oberstdorf wieder zum Ausgangsort zurück. Wer in Riezlern die Bachwanderung noch fortsetzen möchte, kann als Zugabe die Strecke nach Hirschegg in Angriff nehmen.

Wenn Seitenbäche trockenen Fußes gequert werden sollen, hilft ein wenig Balancegefühl.

40 DURCH DAS SCHWARZWASSERTAL

Versteckspiel im Schrattenkalk

leicht | 11 km | 400 m | 3 Std.

Auenhütte (Schwarzwassertal) – Melköde – Schwarzwasserhütte – Auenhütte

CHARAKTER

Bis zur Ebene der Melköde auf nur leicht ansteigendem Fahrweg durch den Rüchewald talein, dann geht es auf gut markiertem Steig in Abschnitten steil zur Schwarzwasserhütte.

AUSGANGS-/ENDPUNKT

Auenhütte im Kleinwalsertal

ANFAHRT

Von Oberstdorf in das Kleinwalsertal, hinter Riezlern Abzweigung in das Schwarzwassertal. Parkplatz an der Auenhütte (Talstation des Ifen-Sessellifts). Mit den öffentlichen Verkehrsmitteln steigt man am Bahnhof Oberstdorf vom Zug in den Bus nach Riezlern um; von dort fährt ein Bus zur Talstation der Ifenbahn.

GEHZEITEN

Auenhütte – Melköde 1 Std., Schwarzwasserhütte 45 Min., Melköde 30 Min., Auenhütte 45 Min.

KARTE

Kompass-Wanderkarte Nr. 03: Oberstdorf – Kleinwalsertal, 1:30 000

EINKEHR

Melköde, Tel.: 0043/664/170 84 24, geöffnet während der Alpsaison von Fronleichnam bis Ende Oktober; Schwarzwasserhütte (siehe Übernachtung)

ÜBERNACHTUNG

Schwarzwasserhütte (1651 m), Tel.: 0043/664/3 41 24 57, geöffnet Weihnachten bis Ostern und Pfingsten bis Ende Oktober

INFORMATION

Kleinwalsertal-Tourismus, Im Walserhaus, A-6992 Hirschegg, Tel.: 0043/5517/511 40, Fax: 0043/5517/51 14 21, E-Mail: info@kleinwalsertal.com, Internet: www.kleinwalsertal.com

Das kalkhaltige Gestein im Schwarzwassertal – der so genannte Schrattenkalk – ist so weich und spröde, dass im Lauf von Millionen von Jahren immer mehr Wasser in sein Inneres eindringen konnte und ein Labyrinth an Höhlengängen und -kammern hinterließ. Auch der Schwarzwasserbach taucht kurz hinter der Melköde ab und fließt fortan ein gutes Stück weit unterirdisch.

Im Schwarzwassertal Das Bachbett an der Oberfläche trocknet dennoch nur dann vollkommen aus, wenn es einige Wochen wenig oder gar nicht regnet. In niederschlagsreichen Wetterperioden bahnt sich ein Teil des Wassers im ursprünglichen Bachbett seinen Weg und stellt auf diese Weise den Kindern einen natürlichen Abenteuerspielplatz zur Verfügung, denn an manchen Stellen führt der Weg direkt an den Bach heran, an dem an heißen Tagen auch Kühe die Erfrischung suchen. Gleich mehrere flache Wiesen laden in Ufernähe zum Verweilen, Spielen und Erforschen ein. An seichten Stellen lassen sich mit etwas Glück kleinere Bachforellen, Kaulquappen und Bergmolche aufspüren. Selten ist hingegen die dunkle Wasseramsel mit ihrem auffälligen weißen Kehlfleck.

Doch abseits der Wege ist Vorsicht geboten: Felsritzen und Gestrüpp bieten den idealen Lebensraum für die schwarze Teufelsotter. Diese Kreuzotterart ist zwar menschenscheu, zählt aber auch zu den giftigsten Schlangen Europas. Weniger gefährlich ist die Rote Waldameise, die leichtfüßig Beute vom Vielfachen ihrer Körpergröße in die Vorratskammer ihrer Kolonie abtransportiert.

Das Schwarzwassertal ist neben der reichen Tier- und Pflanzenwelt auch für seine geologische Vielfalt bekannt. Der Verein Landschaftsschutz

Der Schwarzwasserbach verläuft zum Teil unterirdisch. So freut man sich immer wieder über den Anblick des Wassers, wenn es an die Oberfläche kommt.

Diese Familie hat die Einkehr in der Melköde bereits hinter sich. Die Schwarzwasserhütte war jedoch mit den Kleinkindern nicht zu schaffen.

Kleinwalsertal hat aus diesem Grund einen Naturlehrpfad angelegt. Leider sind zum Beispiel Bäume und Sträucher nur mit Nummern und nicht mit erklärenden Schautafeln versehen. Abhilfe leistet die Broschüre »Naturlehrpfad Schwarzwassertal«, die in den talnahen Touristenbüros erhältlich ist. Mithilfe dieser Broschüre können wir die gestellten Naturrätsel lösen und nebenbei die Heidel- und Himbeeren am Wegesrand ernten.

Von der Ifenbahn zur Melköde Der Anstieg zur Melköde verläuft vom Parkplatz der Ifenbahn stets in südlicher Richtung durch den so genannten Rüchewald. Zwischen den Bäumen liegen überall gewaltige Gesteinsbrocken herum, die vor vielen tausend Jahren vom Hohen Ifen herabgestürzt sind und heute zusammen mit dem nicht geschlossenen Wald eine märchenhafte Kulisse bilden.

Die Melköde liegt am äußeren Rand eines großflächigen Wiesenplateaus. Während der Schneeschmelze und nach heftigen Regengüssen verwandelt sich die zum Teil moorige Ebene in eine einzige Seenlandschaft. Der Schwarzwasserbach, zuvor hinter der Melköde als Wasserfall zu Tale gestürzt, sprudelt hier gemächlich auf den Rand der Rüche zu und taucht dann durch mehrere Felslöcher in den Untergrund ab.

Frische Sennerbrotzeit auf der Alp Doch bevor es so weit ist, lockt erst einmal die Melköde mit einer kurzen Einkehr. Die Melköde ist eine von über 500 bewirtschafteten Alpen in Vorarlberg, die aus silofreier Milch eigene Produkte herstellt. Die rund 20 Kühe auf der Weide laben sich ausschließlich an den Gräsern und Kräutern der Alp und erhalten kein zusätzliches Futtermittel. Auf diese Weise ist für die gesunde Qualität der Erzeugnisse gesorgt. Die deftige Brotzeitplatte mit Schinken und Bergkäse

Zahlreiche Blumen säumen den Wegesrand.

ist hier ebenso gefragt wie Kaminwurzen mit Brot. Buttermilch und Topfen runden das Angebot ab. Bis vor wenigen Jahren stellte auch die höher gelegene Schwarzwasseralpe noch eigenen Käse her. Doch der Alpenverein witterte Konkurrenz, pachtete das Gelände und trieb den frustrierten Alpbauern an den Biertresen in das Tal zurück.

Endspurt zur Schwarzwasserhütte Nach der stärkenden Sennerbrotzeit kann der Schlussanstieg zur Schwarzwasserhütte in Angriff genommen werden. Teile der in Abschnitten steilen Weganlage sind aufwändig mit Holzstämmen gestützt, um den Hang vor weiteren Erosionsschäden zu bewahren. Der Schwarzwasserbach verläuft in einem tiefen Taleinschnitt südlich des Anstiegs und ist mehr akustisch als optisch wahrnehmbar. Das Dach der Schwarzwasserhütte ist hingegen schon von weitem zu sehen.

Die Versorgung auf der Schwarzwasserhütte wird durch eine Materialseilbahn sichergestellt. Von der Hüttenterrasse zeigt sich das Felsmassiv des Hohen Ifen von seiner schönsten Seite. Der Berg ist der ganze Stolz der Region, und die Hüttenleute schauen den Fremden fragend an, wenn dieser

Auch wenn das Wasser nicht sehr tief und die Strömung alles andere als reißend ist, wirkt dieses Mädchen bei der Bachquerung sehr konzentriert.

das nicht entsprechend zu würdigen weiß. Wer an diesem geruhsamen Ort eine Nacht verbringt, kann den Hohen Ifen am kommenden Tag überschreiten und somit per Rundtour in das Schwarzwassertal zurückkehren. Die grandiose Tour führt durch mehrere Tobel über die Ifersguntalpe und in weitem Bogen – zum Teil drahtseilgesichert – zum Gipfel, bevor der Abstieg durch die felsige Nordflanke und über die Ifenhütte erfolgt.
Andernfalls kehrt man am selben Tag auf der Aufstiegsroute zum Ausgangsort zurück. Nachdem die Tagesgäste das Weite gesucht haben, kehrt in und um die Hütte eine wohltuende Ruhe ein.

Von der Terrasse der Schwarzwasserhütte genießt man einen wunderschönen Blick auf den Hohen Ifen.

REGISTER

Blick über Eibsee zur Zugspitze

Blick über den Lautersee zur Westlichen Karwendelspitze

IMPRESSUM

Bildnachweis:
Umschlagvorderseite: Blick auf den Achensee mit Gaisalm
Kleines Bild auf Umschlagvorderseite: Seerosen
Umschlagrückseite: Familie auf dem Weg durch das Schwarzwassertal
S. 2: Der sommerliche Gebirgsbach bahnt sich seinen Weg durch das grüne Dickicht.
S. 4: Seltener Anblick: Ein gut gelauntes marokkanisches Kind am Ufer des oberbayerischen Lautersees.
S. 5: Bootshaus am Ostufer des Ammersees
S. 6 oben : Ruhiges Gewässer im Pfrühlmoos
S. 7: Die warme Abendsonne genießen
S. 8/9: Bergidylle im Halblechtal
S. 20/21: Der Chiemsee mit den Chiemgauer Alpen im Hintergrund
S. 140/141: Blick über den Chiemsee

Alle Aufnahmen stammen von den Autoren mit folgenden Ausnahmen: S. Garnweidner: Umschlagvorderseite (großes Bild), S. 20/21, S. 140/141, 142, 143; P. Taschner: S. 115

Ein kostenloses Gesamtverzeichnis erhalten Sie beim
Bruckmann Verlag
D-81664 München

www.bruckmann.de
www.bergsteiger.de

Lektorat: Solveig Michelsen, München
Layout: Wiebke Hengst, Ostfildern
Repro: Scanner Service S.r.l.
Umschlaggestaltung: Heinz Kraxenberger, Unterföhring, unter Verwendung eines Fotos von S. Garnweidner und zweier Fotos der Autoren
Kartografie: Christian Rolle, Umweltkartografie und Geoinformationstechnik, Holzkirchen
Herstellung: Thomas Fischer

Alle Angaben dieses Werkes wurden vom Autor sorgfältig recherchiert und auf den aktuellen Stand gebracht sowie vom Verlag geprüft. Für die Richtigkeit der Angaben kann jedoch keine Haftung übernommen werden. Für Hinweise und Anregungen sind wir jederzeit dankbar. Bitte richten Sie diese an:
Bruckmann Verlag
Lektorat
Innsbrucker Ring 15
D-81673 München
E-Mail: lektorat@bruckmann.de

Die Deutsche Bibliothek – CIP-Einheitsaufnahme
Ein Titeldatensatz für diese Publikation ist bei der Deutschen Bibliothek erhältlich.

Printed in Italy by Printer Trento
ISBN 3-7654-3848-0